NOUVELLES RECHERCHES

SUR L'APPARITION ET LA DISPERSION

DES BOHÉMIENS

EN EUROPE,

PAR

PAUL BATAILLARD.

NOUVELLES RECHERCHES

SUR L'APPARITION ET LA DISPERSION

DES BOHÉMIENS

EN EUROPE.

(Extrait de la Bibliothèque de l'Ecole des Chartes, 3ᵉ série, t. I, 1ʳᵉ livraison)

Paris.— Typographie de Firmin Didot Frères, rue Jacob, 56.

NOUVELLES RECHERCHES

SUR L'APPARITION ET LA DISPERSION

DES BOHÉMIENS

EN EUROPE.

PAR

PAUL BATAILLARD.

PARIS,

CHEZ A. FRANCK,

RUE RICHELIEU, 67.

—

1849.

L'auteur recevrait avec reconnaissance toute communication relative aux Bohémiens Il demande particulièrement qu'on veuille bien lui adresser, rue des Saints-Pères, n° 38, à Paris, ou au moins lui indiquer, au moment de leur publication, les articles ou brochures de peu d'etendue, qu'il est si difficile de se procurer, surtout lorsque ces opuscules ont paru à l'étranger, et qu'ils ne sont pas d'une date toute recente.

NOUVELLES RECHERCHES

SUR L'APPARITION ET LA DISPERSION

DES BOHÉMIENS

EN EUROPE.

Dans le Mémoire que j'ai publié, il y a déja cinq ans, sur *l'apparition et la dispersion des Bohémiens en Europe* [1], j'ai été oblige, faute de documents, de laisser indécise la question de savoir si les Bohémiens avaient existé dans l'Europe orientale avant l'époque ou ils se montrèrent en Occident, c'est-a-dire, avant 1417 environ, ou si leur établissement dans ces deux régions avait eté simultane. J'ai fait voir que ceux qui avaient resolu le probleme dans l'un ou l'autre sens manquaient également de preuves, que les présomptions les plus raisonnables étaient bien en faveur de la première opinion [2], mais que les documents invoques étaient insuffisants pour l'etablir.

J'ai obtenu depuis la communication de deux chartes inédites qui attestent clairement la présence des Bohémiens en Valachie au milieu du quatorzième siecle [3]. De plus, je suis arrive, par la confrontation de divers documents, a la certitude que les Bohemiens existaient en Chypre au commencement du même siècle. Ces deux preuves, parfaites chacune de son côté, se confirment encore l'une par l'autre. Sollicite

---

1 *Bibliothèque de l'École des Chartes*, 1re série, t. V, pag 439 et 521.— Il a ete fait aussi un tirage à part de ce mémoire.

2. J'aurais pu ajouter que les tenebres mêmes qui enveloppent l'origine d'une population *esclave* de 250,000 âmes dans la Moldo-Valachie, rendent vraisemblable l'existence de cette population dans le pays, antérieurement au quinzième siècle

3. Ces deux chartes ne font qu'une courte mention des Bohémiens; mais cette simple indication a tant de valeur, qu'on ne saurait en vérifier trop exactement la sincerité. C'est pourquoi je compte donner un jour dans ce recueil le texte entier, sinon des deux pièces (la seconde n'est que la confirmation de la première), du moins de la plus ancienne La publication d'une charte de Valachie est d'ailleurs en France une rareté dont nos lecteurs ne peuvent nous savoir mauvais gré. Mais précisément parce que de telles publications sont rares en France, celle-ci demande de longs commentaires qui ont besoin d'être groupés dans un article a part.

par la lumière nouvelle qu'elles m'apportaient, j'ai dû examiner de nouveau les autres textes, jusque-là insuffisants, qui avaient déjà attiré notre attention, et j'ai trouvé à l'un d'eux au moins une valeur qu'il ne pouvait avoir auparavant. Ces résultats sont importants, et je n'ai pas cru devoir attendre, pour les livrer au public, l'achèvement, toujours retardé, du livre où j'ai entrepris de tracer l'histoire et la description aussi complètes que possible, des Bohémiens répandus sur toute la terre.

En recomposant entièrement la première partie de mon travail sur l'apparition des Bohémiens en Europe, je suis amené du reste à en elargir le cadre. Ayant une fois la preuve certaine de la présence des Bohémiens dans les îles de la Méditerranée et sur les bords du Danube au quatorzième siècle, je dois plus volontiers tenir compte des commencements de preuves qui permettent de supposer que de proche en proche ils avaient pu se repandre jusqu'en Pologne, jusqu'en Suède, avant de se faire connaître en Occident. Au point de vue qui nous préoccupe, l'Occident se réduit donc, quant à présent, à l'etendue de pays où nous avons pu constater clairement l'apparition des Bohémiens a partir de 1417 ; et tout le reste de l'Europe rentre, au moins provisoirement, dans le cadre que je n'avais réservé precédemment qu'à la partie sud-est de l'Europe. En tirant une ligne à peu près droite depuis l'extrémité sud de la mer Baltique vers l'embouchure de l'Oder, jusqu'à l'Adriatique vers Venise ou Trieste, on aura assez exactement la séparation des deux régions qu'il importe de distinguer. Dans les pays situés à l'ouest de cette ligne [1], le fait qui nous occupe est suffisamment éclairci. De 1417 à 1438, nous voyons la plus grande partie de cette région sillonnée par quelques bandes qui forment comme l'avant-garde d'une invasion plus générale. En 1438, de nouvelles bandes arrivent par l'Autriche ; et bientôt les pays les plus reculés de la zone occidentale font connaissance avec ces aventuriers. Voilà des résultats satisfaisants qui peuvent encore être complétés, mais qui, je crois, ne peuvent pas être contredits. Au contraire, en passant à l'est de la ligne que j'ai tracée on rencontre les incertitudes [2]. Ces incertitudes étaient entières jusqu'à ces derniers temps. Je suis en mesure aujourd'hui de prouver que les Bohémiens existaient au moins dans certaines parties de l'Europe orientale bien avant 1417, et c'est le sujet du présent article.

J'ai profité toutefois de l'occasion pour revoir la suite de mon travail,

1. Le Danemark seul (*Jutland*, etc.) reste dans le doute
2. Il est remarquable que nous n'ayons pas le moindre renseignement sur l'arrivee des Bohémiens, même à Berlin ou dans le Brandebourg.

et pour fournir les additions ou corrections de quelque importance que mes recherches, depuis cinq années, m'ont permis d'y apporter.

Avant tout, j'ai senti le besoin de changer les titres des divisions etablies dans l'ensemble de mon précédent Mémoire. Ce changement s'expliquera de lui-même.

PREMIÈRE PARTIE. LES BOHÉMIENS DANS L'EUROPE ORIENTALE ET SEPTENTRIONALE.

A quelle époque les Bohémiens se montrèrent-ils pour la première fois dans les divers pays qui forment la partie est et nord de l'Europe? Voilà quelle serait la véritable question à résoudre ; et cette question, nous sommes presque obligé de l'écarter. Mais il s'en présente une autre qui doit du moins nous faire faire un pas vers la solution désirée : les Bohémiens existaient-ils dans l'Europe orientale et septentrionale à une époque notablement antérieure à leur première apparition en Occident, qui eut lieu vers 1417? Cette question, je viens aujourd'hui la résoudre affirmativement, au moins pour ce qui concerne l'Orient.

L'ordre le plus logique à suivre dans l'exposé de ce que nous savons à cet égard nous est tout tracé. Les Bohémiens ont dû arriver en Europe par l'Hellespont ou par les mers qu'il rejoint, et de là s'avancer vers le Nord et vers l'Occident. Puisque nos documents nous le permettent, c'est la marche que nous suivrons.

Aujourd'hui, comme il y a cinq ans, j'ai voulu borner à l'Europe mes recherches sur les commencements des Bohémiens, et je me suis interdit toute excursion en Asie [1] ou en Afrique,

---

1. J'avais eu occasion, dans mon précédent Mémoire (*Biblioth*, t. V, pag. 451, n. 2; *tirage à part*, p 16), de donner la simple indication d'un fait relatif à l'Asie Je m'applaudis de n'avoir accepté en cet endroit l'autorité de M Borrow qu'avec réserve. M Borrow cite un long passage d'un historien arabe, duquel il résulte que Timour-Leng, avant ses invasions dans l'Inde, aurait exterminé à Samarcand (Boukharie) toute une tribu de Zingari. J'ai recouru à l'auteur indiqué : *Vie de Timour*, par Ahmed, fils d'Arabschah (qu'on désigne le plus souvent par le nom de Ibn-Arabschah, le fils d'Arabschah), texte arabe, avec une traduction latine par Samuel-Henri Manger ; Leovardiæ, 1767, in-4°, quatre tomes en 8 volumes. J'y ai bien trouvé (vol. I, chap X) le passage rapporté par Borrow, mais avec cette différence, sans en mentionner plusieurs autres, qu'à la place du mot *Zingari* que M Borrow a introduit cinq fois dans sa citation guillemettée, on lit dans la traduction latine : *nebulones*, *isti*, *illi*, *nebulones*, et toujours *nebulones*. N'étant pas orientaliste, je ne pouvais

c'est-à dire, dans la région des hypothèses ¹. Cependant j'ai fait et je ferai encore aujourd'hui une exception en faveur des grandes îles de la Méditerranée orientale, que l'on peut considérer en bloc comme placées entre l'Europe, l'Asie et l'Afrique, plutôt que comme appartenant à l'une ou à l'autre de ces trois parties du monde.

Déjà dans mon précédent travail j'avais cru saisir quelques vagues indices de la présence assez ancienne des Bohémiens dans ces îles. J'établissais dès lors par induction qu'ils avaient dû se répandre de bonne heure dans la Crète ou île de Candie ², et plus certainement encore dans l'île de Chypre, où nous les trouvons établis depuis longtemps, au milieu du seizième siècle. Je reviendrai tout à l'heure à l'île de Chypre. Auparavant je veux citer deux témoignages qui ont moins de valeur rétrospective que celui de Lusignan, mais qui lui sont antérieurs de quelques années, et qui embrassent une plus grande étendue de pays. André Thevet, qui parcourut l'Orient de 1549 à 1552 ou 1553 ³, dit : « Et sont espandus ces galands (les Égyptiens ou Boesmiens) non-seulement en la France, Espaigne et Italie ; ains j'en ay veu en Candie, Cypre, Negrepont (Egribos, dans l'archipel grec), Rhodes, et en plusieurs autres isles de ceste mer Mediteranée ⁴, qui n'ont autre vacation ne mestier que de faire des

confronter la traduction avec le texte arabe qui est en regard : j'eus recours à l'obligeance de M. Reinaud, qui avait mis le livre entre mes mains à la Bibliothèque aujourd'hui nationale, et j'en obtins l'assurance que la traduction était très-littérale, et que pas un nom de peuple ne figurait dans tout ce passage. Il s'agit simplement d'une bande organisée de *doâr* — ou *dzoâr* — (au singulier *dair*, qui signifie litteralement impur), et de *schotthar* (au singulier *schather* ou *schathir*, qui signifie vaurien), mots qui sont rendus assez exactement par *nebulonibus* et *scelerosis* (dans le titre du chapitre). Ni l'un ni l'autre de ces deux mots arabes n'est connu comme servant à désigner les Bohemiens en Asie. Dès lors ce document n'a plus aucune valeur ; car les détails qu'il renferme n'ont rien qui semble s'appliquer particulierement aux Bohémiens.

1. Le savant ouvrage de M. Pott sur la langue des Bohémiens, *Die Zigeuner in Europa und Asien*, Halle, 1844 et 1845, 2 vol. in-8° (couronné en 1844 par l'Institut de France), contient cependant une ou deux citations très-curieuses et qui seront utiles, quoiqu'on ne puisse pas les prendre a la lettre et les employer sans critique

2. Voyez mes observations sur un passage de Sébastien Franck, *Biblioth.*, etc., t. V, p. 453; *tirage à part*, p. 18

3. Le privilége pour l'impression de la *Cosmographie du Levant*, Lyon, 1554, in-4°, et Lyon, 1556, in-4°, est du 22 mars 1553. J'ai recouru aussi à cet ouvrage de Thevet, mais il n'y est pas question des Bohémiens.

4. Thevet remarque quelques lignes plus haut, pour prouver que les Bohémiens

cloux, leurs femmes des ceintures, qu'ils vendent aux simple peuple ou griphons (?) des montaignes de ces pays-là [1]. »

Pierre Belon, qui parcourait l'Orient en même temps qu'André Thevet, nous apprend que les Bohémiens étaient également répandus alors en Égypte et en Turquie, qu'ils avaient même un établissement à Constantinople ; et il est à remarquer que ce voyageur si plein de savoir et de conscience, si disposé d'ailleurs à recueillir tout ce qui pouvait jeter quelque jour sur l'origine des Bohémiens [2], ne peut nous dire depuis quelle époque ils fréquentaient ces contrées. « Il n'y a lieu en tout le monde, dit-il, qui soit exempt de telle pauure gent ramassée que nous nommons de faulx nom Égyptiens ou Baumiens ; car mesmement estants entre la Materee et le Caire, nous en trouuions de grandes compagnies, et aussi le long du Nil, en plusieurs villages d'Égypte, campéz dessoubs des palmiers, qui estoient aussi bien estrangers en ce pays-là comme ils sont aux nostres. Et pour ce que leur origine est de Vallachie ou Bulgarie, ils sçavent parler plusieurs langues, et sont chrestiens. Les Italiens les nomment Singuani. Ils ont privilège des Turcs qu'il est loisible aux femmes singuanes de se prostituer publiquement à tous, tant aux chrestiens comme aux Turcs mesmes : et ont une maison à Pere (Pera) de Constantinople avec plusieurs chambres, où chacun peut entrer librement, sans que la justice turquoise

ne sont pas Égyptiens, qu'il n'en a jamais vu en Égypte ; mais la vérité ressort encore bien mieux du témoignage de Pierre Belon, qui, exactement à la même époque, en trouva au contraire de grandes compagnies dans les environs du Caire et aussi le long du Nil, « qui estoient aussi bien estrangers en ce pays-là comme ils sont aux nostres. » Il est remarquable que Belon, en Égypte, croit les Bohémiens originaires de Valachie ou de Bulgarie, tandis qu'en Europe on les fait souvent venir d'Égypte. Voy Belon, cité plus loin. — P. Belon et A Thevet se sont trouvés associés l'un et l'autre plus ou moins directement aux travaux de Pierre Gilles, l'auteur de la *Description du Bosphore et de Constantinople* que M. Buchon a publiée dans ses *Chroniques françaises* (voy. t. III, p. 297).

1. *La Cosmographie universelle* de Thevet, Paris, 1575, 2 vol. in-fol , liv. XX, chap. xi ; t. II, fol. 117 v°. Thevet est connu pour son extrême crédulité ; mais, d'après M. Weiss (*Biograph univ.*), il n'était pas ignorant et menteur comme on a voulu le dire

2. Il ne se donne pas la peine de décrire ceux qu'il a rencontrés, lorsqu'il n'en doit résulter aucune conclusion importante. Mais il signale ceux qu'il a vus en Égypte, croyant avec raison très-utile d'observer « que telle manière de gent ramassée que nous nommons Égyptiens sont aussi bien trouvez en Égypte qu'ès autres pays » (c'est le titre du chapitre 41, que je reproduis en entier) ; et il prend note en même temps de leur condition exceptionnelle à Constantinople.

leur puisse rien dire. Et pour le moins y a une douzaine de femmes qui se tiennent ordinairement léans. Ceste gent s'entre-mesle en Grèce, Turquie et Égypte de trauailler en ouvrage de fer, et s'y trouvent de fort bons ouvriers en ce mestier-là. Eux-mesmes font leur charbon, desquels j'ay entendu que celuy qui est fait de cicots et racines de brière est le meilleur à faire ou-vrage de fer, d'autant qu'il l'endurcist [1]. »

J'arrive maintenant au passage de l'historien Lusignan que je citais déjà dans mon précédent travail. « Les Cinquanes sont peuples d'Égypte, dicts autrement Agariens [2], qui sont toute-fois chrestiens, larrons de leur nature et trop superstitieux, ad-donez à la nigromancie chiromance, et qui se meslent de l'art de deviner, lesquels les Italiens appellent Cinquanes. Iceux couroient tout autour de l'isle, sans avoir domicile certain, et sçavoient quelque petit mestier, comme de faire les vans à vanner le bled; les autres estoient serruriers, et sont tous pres-que noirs ou basanéz et mal vestus. Ils avoient néantmoins en Cypre un village où ils faisoient leur résidence, près la ville de Nicossie, et labouroient leurs terres et possessions, à mesmes conditions que les éleftères (affranchis). On en voit de sembla-bles en Italie, Espagne, France, Alemaigne, Pologne et autres provinces, qui voyagent toujours.et sont sans habitation cer-taine [3]. »

Ainsi, au milieu du seizième siècle, les Bohémiens avaient en Chypre « leurs terres et possessions, » et ils les cultivaient

---

1. *Les observations de plusieurs singularitez et choses mémorables trouvées en Grèce, Asie, Judée, Égypte, Arabie, etc*, par Pierre Belon, Paris, 1554, in-4°, folio 112 verso, ch. 41. — Belon était revenu d'Orient à Paris en 1550, et la 1re édit. de cet ouvrage est de 1553.

2. On se perd dans les noms des Bohémiens. Le relevé critique de tous ces noms ne sera pas un travail sans intérêt; je compte y consacrer un chapitre tout entier. Cette nomenclature est le preliminaire indispensable d'un travail approfondi sur la question d'origine; elle doit aider aussi à la découverte des documents qui nous manquent.

3. Lusignan, *Description de l'isle de Cypre*, 1580, in-4° — Ce passage se trouve dans le chapitre de Lusignan intitulé : *En combien de sortes de nations le peuple de Cypre était divisé*; ce qui prouve que ces Bohémiens étaient nombreux. Lusi-gnan, qui était de Chypre, qui l'avait habitée jusqu'à la prise de cette île par les Turcs (1571), et qui y avait fait des recherches historiques, ne dit rien de leur nou-veauté dans ce pays; cette circonstance et quelques details contenus dans ce pas-sage montrent qu'ils y etaient établis depuis longtemps.

aux mêmes conditions que les affranchis. Certes ils n'étaient pas
la d'hier.

Or, un état de choses voisin de celui-là, sinon identique, exis-
tait déjà au milieu du quinzième siècle, comme le prouve un
document dont je dois la communication à mon confrère M. de
Mas-Latrie [1]. Vers 1468, le roi Jacques de Lusignan donnait à
un de ses officiers le droit que payaient les Zingari au trésor
royal. Je n'ose affirmer que l'historien Lusignan fît allusion
à ce droit, lorsqu'il dit que les Bohémiens cultivaient leurs
terres aux mêmes conditions que les éleftères ; car il n'est pas
impossible que ces Bohémiens eussent deux droits à payer : une
capitation au roi, comme droit de protection ou autrement, et
une redevance, comme colons, au seigneur [2] : celle-ci due seulement par ceux qui tenaient des terres, celle-là due par tous les
Bohémiens indistinctement. Mais, en supposant même que les
Bohémiens de Chypre, au quinzième siècle, ne fussent soumis
qu'à une contribution personnelle, cette capitation indique déjà
un séjour prolongé. Donc, reportant au quinzième siècle ce que
je disais tout à l'heure du seizième, je puis répéter encore : Les
Bohémiens n'étaient pas là d'hier.

Or, voici un document important qui m'avait échappé, bien
que je connusse le travail de Bryant [3], où il a été cité pour la
première fois. Symon Siméon raconte que, visitant l'île de

1. Auteur, comme on sait, d'une *Histoire de Chypre* couronnée par l'Académie
des inscriptions ; très-compétent, par conséquent. Voici la note que M. de Mas-Latrie
m'a remise : « Les Bohémiens étaient assez nombreux à la fin du quinzième siècle en
Chypre, et formaient une petite population distincte du reste des habitants. Je trouve
dans une *Chronique de Chypre* par Florio Bustron, dont le Ms. est conservé à
Londres au *British museum* (Additional mss , n°. 8630, fol. 198 v°), que, vers l'an
1468, le roi Jacques de Lusignan donna à un de ses seigneurs le droit que payaient les
Bohémiens au trésor royal. L'article est ainsi conçu : *A Nicolao Gianfuni, il dritto
delle Cingani.* » — Florio Bustron était un Chypriote de famille française ; il vivait au
commencement du seizième siècle.

2. En Turquie les Bohémiens payent une capitation, qui remonte sans doute à l'é-
poque de l'établissement des Turcs dans cette contrée. En Pologne, les *Szalassu*, dont
nous parlerons bientôt, devaient payer des redevances. Dans la Moldo-Valachie, où
tous étaient esclaves il n'y a pas longtemps, les Bohémiens payaient a leur maître, quel
qu'il fût, prince régnant, monastère ou boyard, un droit unique qui variait suivant
leurs occupations.

3. Dans *Archeologia or Miscellaneous Tracts relating to antiquity ; published
by the Society of antiquaries of London* , t .VII, 1785 Le passage de Siméon est
cité en note, p. 393.

Chypre en 1332, il y rencontra « une race de gens qui suivaient
le rit grec et qui se disaient de la famille de *Chaym* [1]. Cette
race, ajoute-t-il, ne s'arrête presque jamais dans un lieu quelconque au delà de trente jours ; mais, toujours errante et fugi-
tive, comme si Dieu l'avait maudite, au bout de trente jours elle
décampe, à la manière des Arabes, avec de petites tentes oblon-
gues, noires [2] et basses, courant çà et là de caverne en caverne, à cause que le lieu où ils demeurent se trouve, au bout
du temps que j'ai dit, rempli de vermine et d'immondices qui
le rendent inhabitable [3]. »

Il n'y a pas un mot de ce passage qui ne s'applique parfaitement aux Bohémiens. Cependant, comme leur nom ne s'y
trouve pas, ce document, s'il était isolé, pourrait laisser quelques doutes. Mais lorsqu'on le rapproche du passage de Lusignan, qui atteste qu'au milieu du seizième siècle les Bohémiens
étaient en Chypre depuis une époque assez reculée pour être
déjà inconnue; lorsqu'on voit qu'au milieu du quinzième ils formaient dans cette île une classe de la population, un groupe d'ha

---

1 M. Pott remarque, t. I, p. 61, que c'est probablement à Simeo Simeonis que
fait allusion Besold (*Thesaur. practic.*, p 1026), dans le passage cité par Grellmann
(2ᵉ éd. allem., p. 234 ; trad , p. 237), lorsqu'il dit : « In libro quodam veteri italio,
sive itinerario ad Jerusalem, lib. V, hujusmodi Cingari dicuntur esse posteri Caini,
vagi et extorres propter ipsius peccatum. Quod tamen absurdum, cum omnes tales
perierint in diluvio *universali*. » Quoi qu'il en soit de ce rapprochement, M. Pott
observe que le nom de *Cham* conviendrait beaucoup mieux que celui de *Cain* à la
prétendue origine égyptienne des Bohémiens. Il laisse toutefois la question dans le
doute, en indiquant encore, pour l'étymologie possible du mot ci-dessus, d'autres mots
que j'examinerai ailleurs.

2. Suivant Seetzen, cité par M. Pott, t. I, p. 62, les tentes des Nury (Bohémiens de
Perse), près de Nablos, étaient noires également.

3. « Ibidem et vidimus gentem, extra civitatem ritu Græcorum utentem, et de
genere Chaym se esse asserentem; quæ raro, vel nunquam, in loco aliquo moratur
ultra xxx dies; sed semper, velut a Deo maledicta, vaga et profuga post xxx(um)
diem, de campo in campum, cum tentoriis parvis, oblongis, nigris et humilibus, ad
modum arabum, de caverna in cavernam discurrit, quia locus ab his habitatus post
dictum terminum efficitur plenus vermibus et immunditiis, cum quibus impossi-
bile est habitare. » — Je cite ce passage d'après Bryant, n'ayant trouvé l'ouvrage ni
à la Bibliothèque nationale, ni à la Bibliothèque de l'Institut, ni à la Bibliothèque
Sainte-Geneviève. Bryant appelle son auteur Simeon Simeonis, et indique seulement
Itin., p. 17. Dans Brunet, on trouve au mot « Symeon (Symon) : *Itineraria Simonis
Simeonis et Wilhelmi de Worcestre*, etc, édités pour la première fois par Jacques
Nasmith, Cantabrigiæ, 1778, in-8° ; » et dans la *Bibliotheca britannica* : « Simeon
(Symon). *Itinerarium ad terram sanctam*, edidit J. Nasmith, Camb, 1778, in-8°. »

bitants déjà soumis à un impôt spécial, toute incertitude disparaît [1]. On n'a pas même besoin de savoir que les Bohémiens se trouvent en Valachie à l'état d'esclaves vers le milieu du quatorzième siècle. Cette race habitait l'île de Chypre en 1432 : c'est un fait acquis.

Remarquons en passant que les Bohémiens de Symon Siméon paraissent encore plus vagabonds et d'humeur un peu plus farouche que ceux de Lusignan et de Thevet. Je doute qu'ils eussent dès lors des terres et une condition légale. Ils se disent d'une race maudite, et ils semblent n'avoir point de nom. Tout cela pourrait faire supposer qu'ils étaient alors dans l'île depuis peu. Toutefois, il faut songer que les impressions ne devaient pas être les mêmes, ni les souvenirs aussi nets, chez un voyageur d'Occident, au quatorzième siècle qu'au seizième. Au seizième siècle les Bohémiens étaient parfaitement connus en Occident, tandis qu'on n'y en avait jamais vu au quatorzième siècle. Observons d'un autre côté que les premiers Bohémiens qui se montrèrent en Occident affectèrent en commençant certains airs de grandeur, certaines façons chevaleresques qui manquent à ceux-là. Je serais donc porté à croire que, dès le quatorzième siècle, ils étaient en Chypre dans cette condition intermédiaire qui a dû suivre, chez tous les peuples civilisés, l'état dans lequel ils se montrèrent d'abord, et qui a dû précéder l'assujettissement auquel ils furent réduits dans quelques contrées de l'Orient. Cette condition intermédiaire a pu durer plus ou moins : elle s'est maintenue jusqu'aujourd'hui dans beaucoup de pays, en se modifiant à peine.

Je comptais me borner à ces observations un peu générales; mais au moment de mettre sous presse, je reçois avis d'une interprétation qui mérite examen.

Le court document transmis par Florio Bustron et le témoignage postérieur de Lusignan nous apprennent qu'au quinzième siècle les Bohémiens de Chypre payaient un droit au trésor royal, et qu'au seizième un certain nombre d'entre eux cultivaient des terres aux mêmes conditions que les affranchis. Au premier abord on peut être tenté de supposer, d'après cela, que,

---

1. Telle est aussi, d'après ma seule citation de Lusignan, l'avis de Pott (*Corrections et additions* au 1er vol., t II, p 529), qui avait d'abord présenté (t I, p. 61) le passage de Siméon sans rien affirmer.

depuis le temps de Symon Siméon, une double révolution s'était opérée dans leur état civil. Voyant que les premiers Bohémiens qui nous sont signalés en Chypre ne peuvent rester plus de trente jours au même endroit, tandis que ceux dont on nous parle ensuite, ou du moins quelques-uns d'entre eux, ont des établissements stables et sont agriculteurs, préoccupés d'ailleurs de l'idée qu'il n'y a guère que l'esclavage qui ait pu rendre sédentaire cette race nomade, plusieurs se diront sans doute : « Peut-être ces Bohémiens, après avoir été libres dans le principe, et nomades suivant leur coutume, furent-ils, pour leurs méfaits, rendus esclaves et attachés à la glèbe ; affranchis dans la suite, ils continuèrent à cultiver les terres qu'on leur avait cédées : voilà pourquoi ils auraient cultivé aux mêmes conditions que les éleftères. » Je ne crois pas devoir accepter cette interprétation ; mais comme elle est très-spécieuse, et comme elle porte sur un point très-important, elle vaut la peine d'être réfutée d'avance.

Il s'en faut de beaucoup que l'île de Chypre d'une part, et d'autre part la Moldo-Valachie, où les Bohémiens ont été réduits en esclavage, comme nous le verrons, soient les seuls pays du monde où un certain nombre d'entre eux soient devenus sédentaires : on en trouve aujourd'hui de tels dans la Turquie d'Europe, en Russie, dans les États d'Autriche, en Allemagne, en Espagne, en France, en un mot presque partout. Il serait trop long d'examiner ici les circonstances diverses qui ont amené ce changement. Je reconnais que la plupart du temps il a été le résultat de mesures persévérantes prises par les autorités du pays ; mais je dois noter que cette règle n'est pas sans exceptions [1]. J'ajouterai que l'asservissement des Bohémiens dans la Moldo-Valachie n'a pas produit l'effet qu'on suppose. Dans ce pays les Bohémiens étaient tous esclaves, mais ils n'étaient pas serfs ; très-peu cultivaient la terre [2]. Il n'y avait guère de sédentaires que ceux qui avaient été astreints à des services domesti-

[1] Ne voyons-nous pas, par exemple, que, dès le seizième siècle, les Bohémiens de Constantinople exerçaient par privilége une industrie beaucoup moins louable assurément que l'agriculture, mais qui leur imposait quelques habitudes sédentaires ?

[2]. Aujourd'hui on peut estimer qu'un tiers ou un quart des Bohémiens de Valachie sont cultivateurs ; mais la plupart ne le sont devenus que depuis une trentaine d'années, et la plupart aussi sont précisément arrivés a cette condition nouvelle *par l'affranchissement*. Il en est à peu près de même en Moldavie.

ques. Les autres, c'est-à-dire le plus grand nombre, erraient sans domicile, obligés seulement de payer à leur chef un impôt dont celui-ci rendait compte au propriétaire de la bande. Cette condition servile, que le défaut d'espace m'empêche de bien définir, était, comme on le voit, d'une nature toute particulière. De ces observations il résulte : 1° que, là où les Bohémiens ont été réduits à une condition servile, ils ne sont pas devenus pour cela agriculteurs ; 2° que, dans presque tous les pays d'Europe, un certain nombre d'entre eux, en restant de condition libre, sont devenus sédentaires [1]. Si l'on se pénètre de ces deux vérités, on sera déjà moins disposé à croire que les Bohémiens de Chypre avaient dû passer par l'esclavage pour arriver à l'état où nous les montre Lusignan.

Mais pourtant, dira-t-on, la condition d'affranchi implique un esclavage antérieur. Nullement. M. de Mas-Latrie, qui est doublement compétent ici, me confirme dans cette négation. Les Bohémiens de Chypre, et probablement ceux-là seuls qui cultivent des terres ou qui ont des possessions, sont alors soumis aux mêmes conditions que les affranchis ; voilà tout.

Si la condition d'affranchi n'implique pas nécessairement un asservissement préalable, il est clair toutefois qu'elle ne l'exclut pas ; et, après avoir montré qu'on n'est pas forcé d'admettre que les Bohémiens de Chypre aient été esclaves, il faut voir encore s'il y a des raisons décisives dans l'un ou l'autre sens. En faveur de l'opinion que je combats, on pourra dire qu'à cette époque les chrétiens ne se faisaient pas esclaves entre eux, mais qu'ils réduisaient fort bien en servitude les infidèles ; que les Bohémiens étaient en réalité des païens ; qu'à la vérité ils pratiquaient, du temps de Siméon, le rit grec suivi en Chypre par la majorité de la population [2], mais qu'ils se disaient de la race de

1. Autant qu'a pu s'y prêter jusqu'ici le caractère bohémien. Bien rarement des Bohémiens s'établissent dans un endroit pour n'en plus bouger. D'ordinaire, ceux qui ont pris une résidence la quittent volontiers ; et dans le temps même où ils occupent celle-ci ou celle-là, ils font de fréquentes absences souvent assez mystérieuses, gardant presque toujours des relations avec les nomades, les recevant quelquefois chez eux en grand nombre. Mais avec cela il n'est pas rare de trouver des tribus plus sédentaires que celle qui nous est dépeinte par Lusignan : on peut être assuré que ceux-là mêmes qui cultivaient des terres près de Nicosie ne restaient pas toujours en place. D'après les termes dont se sert Lusignan, on dirait d'ailleurs que le village en question n'était en quelque sorte qu'un pied-à-terre général pour la tribu.

2 Du treizième au quinzième siècle, l'île de Chypre, appartenant à des princes d'o-

Chaym (?), etc. Je réponds d'abord que les Bohémiens, n'appartenant à aucune religion bien déterminée, les acceptent toutes
avec une facilité qui laisse peu de prise à la persécution ; que
du reste, s'ils avaient été réduits en servitude pour cause de re
ligion, c'est plus probablement à leur arrivée dans l'île que
cette transformation aurait eu lieu; ce que dément le témoignage de Siméon. Mais voici qui me paraît plus concluant : il
résulte évidemment du témoignage de Siméon que ces Bohémiens n'étaient pas esclaves en 1332 ; il paraît certain d'autre
part que, deux siècles après, on n'avait pas souvenir en Chypre
de l'esclavage des Bohémiens, car Lusignan l'aurait consigné
avant la plupart des détails qu'il nous donne. Et pourtant il
faudrait supposer que, dans cet intervalle, les Bohémiens avaient
été asservis, attachés de force à la glèbe, ce qui n'est pas chose
facile, puis affranchis, ce qui serait surprenant (pourquoi les
avoir asservis pour les affranchir si tôt?) : tout cela postérieurement à 1332, et à une époque assez antérieure au milieu du
quinzième siècle pour que le Cypriote Lusignan, qui connaissait
parfaitement l'histoire de son île, n'en eût aucune connaissance !
Quoi de plus invraisemblable?

Maintenant, étant donné simplement ce double fait : les Bohémiens de Chypre payaient au quinzième siècle un droit au trésor
royal, et, au seizième, ils avaient certainement un village autour
duquel quelques-uns cultivaient, — peut-être alternativement,—
des terres aux mêmes conditions que les affranchis : pouvons-
nous en trouver la cause et l'origine? Ici même les interprétations seraient bien aventurées. Soit que les conditions dont
parle Lusignan se rapportent ou non au droit royal constaté par
Florio Bustron, il faut d'abord distinguer le droit ou les droits
que payaient les Bohémiens de Chypre ou quelques-uns d'eux,
et les occupations agricoles qu'un petit nombre seulement à coup
sûr pratiquaient. Examinons ces deux choses d'abord sous le
rapport de leur date vraisemblable, et ensuite quant aux circonstances qui ont pu les produire.

Sans doute il paraît résulter, du témoignage de Symon Siméon, que c'est postérieurement à 1332 que quelques Bohé-

rigine française, eut le catholicisme pour religion officielle. Mais les Grecs, qui formaient
toujours la majorité de la population, appartenaient à l'Église grecque unie. Le rit
arménien et le rit arabe catholique étaient suivis librement par les Arméniens et les
Maronites, qui y avaient aussi des établissements.

miens de Chypre se mirent ainsi à cultiver les terres : cependant on ne saurait l'affirmer; car, alors même que l'état des Bohémiens eût été semblable au temps de Siméon et au temps de Lusignan, il serait possible que Siméon, qui était étranger, eût vu ceux « qui couraient tout autour de l'île sans domicile certain » et qui étaient assurément les plus nombreux encore au seizième siècle, sans se douter que quelques-uns eussent des habitudes moins vagabondes. C'est ainsi que Thevet, qui les visita du temps de Lusignan, mais qui à la vérité parle en même temps de ceux de Candie, de Rhodes et de Négrepont, dit qu'ils n'avaient « d'autre vacation ne mestier que de faire des cloux, etc., » et ne fait nulle mention du village voisin de Nicosie. Quant au droit à payer, Siméon pouvait l'ignorer encore bien mieux ; en sorte que, si cette redevance n'était pas attachée à la culture, on ne peut à plus forte raison rien induire de la comparaison de nos auteurs relativement à sa date.

Les circonstances qui ont pu amener ces changements dans l'état des Bohémiens de Chypre ne sont guère plus faciles à préciser. Ce n'est vraisemblablement pas de bonne volonté qu'ils s'étaient astreints à payer une contribution au trésor royal; mais les Bohémiens la payaient sans doute également dans d'autres endroits : il est probable que la capitation à laquelle ils sont soumis en Turquie date de la conquête de cette contrée par les Turcs; et le droit que payaient les Bohémiens de Chypre n'est peut-être pas sans analogie avec cette capitation : peut-être la question de race et de religion eut-elle de même quelque part à son établissement ; peut-être d'ailleurs les Cypriotes avaient-ils eu à se plaindre des Bohémiens dans leurs relations avec l'étranger. Mais il est également permis de supposer que cette contribution n'était originairement qu'un droit payé pour la protection plus ou moins bénévole accordée par le prince. Enfin, dans l'ignorance où nous sommes si les Bohémiens de Chypre ont payé deux contributions, personnelle et foncière, et dans l'hypothèse où ils n'en auraient payé qu'une, il est possible aussi que cet impôt eût une origine bien plus simple ; qu'il fût attaché à la terre que les Bohémiens cultivaient, dans le domaine royal apparemment, et dû indistinctement par tous ceux qui la possédaient; l'autorité pouvait même les avoir tous soumis à ce droit foncier, pour les engager à se fixer en profitant de la faculté qu'il leur donnait. En somme, la contribution, quelle qu'elle fût, n'a rien de surprenant en elle-même. Ce qui est plus rare, mais non sans exemple, ce sont des Bohémiens agriculteurs : je doute fort toutefois que la contrainte ait eu ici une grande part au résultat : à moins d'être bien rude, elle eût été sans effet ; elle n'était pas rude assurément ni au temps de Siméon ni au temps de Lusignan, puisque celui-ci même commence par dire que « iceux couroient tout autour de l'île sans domicile certain, et sçavoient quelque petit mestier, etc. » Peut-être était-ce au contraire par des mesures bienveillantes que quelques-uns avaient été ainsi attirés vers l'agriculture. La vérité est que les Bohémiens trompent souvent toutes les prévisions. A une époque assez récente, une petite population bohémienne de trois cents têtes s'est fixée à Saint-Jean-de-Luz et à Ciboure (Basses-Pyrénées), où elle vit paisiblement et laborieusement des produits de la pêche. L'état de marinier est aussi pénible que celui de cultivateur, plus pénible assurément que celui des cultivateurs libres de l'Orient : ces Bohémiens l'ont choisi pourtant, après bien des infortunes à la vérité, mais sans y être directement contraints. Je remarquerai en passant qu'ils payent certainement un impôt : si c'était un impôt particulier, comme il aurait pu arriver sous l'ancien régime, leur situation offrirait beaucoup d'analogie avec celle des anciens Bohémiens de Chypre. Mais une analogie réelle encore plus frappante est celle qu'on aperçoit entre nos Bohémiens de Chypre et les *Szalassii* que nous trouverons tout à l'heure en Pologne au treizième siècle. L'état des uns et des autres présente un égal intérêt, et se trouve entouré pour nous d'un égal mystère : acceptons-le tel qu'il se présente.

D'après une indication fournie à M. Pott [1] par M. Kopitar,

---

1. *Die Zigeuner*, etc., t. II, diction. bohémien, p. 259, au mot *Zincalo* : « Kopitar, dit-il, m'a écrit, sous la date du 9 juillet 1844, de Baden près de Vienne : « S. « Opp. Theophylacti archiep. Bulgariæ ed. Finetti mit Foscarini's vermehrungen aus « codd. Da ist ein Brief von diesem Hoftheologen an einen Anti-Lateiner (orthodoxe « grec) zu Gunsten der Abendländer, die wohl im Appetit, meint er, sich von den « Griechen unterscheiden durften. Man soll sie desshalb noch nicht ansehen fur « Σιχάνοι (sic Codd. omnes!). Wie wenn das die *erste* Erwähnung der Zigeuner ware? » — Dans ses *Additions et corrections*, *ibid.*, p 528, M. Pott ajoute : « Les Σιχάνοι sont particulièrement à remarquer dans Théophylacte, d'autant plus que le chroniqueur Herm. Corner emploie sur les Zigeuner une expression presque semblable : *Sicanos se nuncupantes* Voy. Bataillard, p. 7, 24 (*Bibl. de l'École des chartes*, A, V, 442, 459), qui, du reste, met en doute une apparition des Bohémiens en Europe avant 1417 »

le savant bibliothécaire de Vienne, on pourrait soupçonner que les Bohémiens étaient connus dans l'empire d'Orient dès la fin du onzième siècle. M. Kopitar signale en effet dans une lettre de Théophylacte, archevêque de Bulgarie, lequel florissait sous l'empereur Alexis Comnène (deuxième moitié du onzième siècle) et vécut jusque dans les premières années du douzième siècle [1], une mention des Σιχάνοι [2], qui, selon lui, seraient peut-être des Bohémiens. Et M. Pott répète encore dans ses *Additions et corrections* que les Σιχάνοι sont particulièrement à remarquer dans Théophylacte. La citation de M. Kopitar est trop confuse pour qu'il m'ait paru possible d'en rien induire de certain ; la valeur du mot signalé ne peut être bien appréciée que sur le texte même, et j'ai voulu y recourir, mais je l'ai tenté sans succès [3]. Je ne puis donc indiquer l'observation de M. Kopitar que comme très-importante à vérifier.

Du reste, les documents certains qui prouvent l'existence des Bohémiens dans l'Europe orientale ne remontant pas au delà du quatorzième siècle, ou du treizième au plus, leur présence dans l'empire d'Orient dès le onzième siècle ne pourrait être admise que sur preuve très-positive.

1 Voy Theophylacti *Opera omnia*, t. I, p. vi-viii. Ce Théophylacte, archevêque de Bulgarie, théologien et historien, auteur de l'*Institutio regia ad Porphyro_genitum Constantinum*, qui se trouve dans les *Opera omnia* (t. III), et qui fait partie de la collection des Byzantins, ne doit pas être confondu avec Théophylacte, surnommé Simocatta, qui vivait au commencement du septième siècle, sous l'empereur Maurice. Ce dernier est auteur des *Physica problemata* ou *Quæstiones physicæ*, publiées en dernier lieu par Boissonade, et de l'*Histoire de l'empereur Maurice*, qui fait également partie de la collection des Byzantins, et qui a été traduite par le président Cousin.

2. Le nom de Σιχανοὶ, à la différence d'un accent, n'est pas nouveau dans la langue grecque, où il servait à désigner les Sicaniens ou anciens habitants de la Sicile (Σιχανία, plus tard Σιχελία), et où il resta avec la signification de *rusé, fourbe*. La question est de savoir si Théophylacte a voulu parler ici des Sicaniens, ce qui est peu probable, ou des Tsiganes (qui d'après le chroniqueur Corner, lorsqu'ils arrivèrent, en 1417, dans les villes hanséatiques, *Secanos se nuncupabant*) ; ou si ce mot n'a dans sa bouche que la signification de *fourbes*.

3. J'ai trouvé à la Bibliothèque nationale (lettre C), Theophylacti, archiep Bulgariæ, *Opera omnia*, gr. et lat , à J. Fr. Bern de Rubeis et Bonif. Finettio, etc , edita, Venet., 1754-63, 4 vol. in-fol Cette édition, dans laquelle Foscareni est aussi pour quelque chose (voy la préface du 4e vol.), paraît être celle qu'indique Kopitar Je me suis convaincu d'ailleurs, autant que possible, d'après l'examen des matières que renferment les quatre volumes, que c'était dans le troisième qu'il fallait chercher, et je ne m'y suis pas épargné ; mais je n'ai pu tomber sur le mot Σιχάνοι. M. Kopitar aurait dû indiquer le tome et la page.

Il me paraît impossible du reste que les histoires byzantines ne renferment pas quelques indications lumineuses sur l'apparition des Bohémiens dans cette région. Les historiens byzantins étaient les mieux placés pour voir arriver les Bohémiens du fond de l'Asie, et pour les voir passer en Europe [1]. Les observations qu'ils ont pu faire auraient pour nous un double intérêt, une extrême importance ; et ils ont dû en faire, eux qui ont tant écrit. Voilà ce que j'avais déjà pensé il y a cinq ans ; et je m'étais mis à feuilleter quelques ouvrages de cette volumineuse collection, entre autres l'*Histoire de Constantinople* du président Cousin, qui n'est qu'un choix de certains auteurs byzantins, et la compilation de J.-G. Stritter qui les résume presque tous [2]. Mais il m'était difficile de tout feuilleter, impossible de tout lire, en vue d'un pareil objet. C'est aux hommes que la spécialité de leurs études ramène souvent aux Byzantins, et généralement aux sources orientales, qu'il appartient plus naturellement d'y relever des lignes égarées, des mots épars qui peuvent avoir la valeur d'une précieuse découverte. Nous prenons la liberté de leur recommander la question qui nous occupe.

Nous passons maintenant de la Méditerranée au Danube.

Les woïvodes de Valachie, Vlad II et Mirzsça Ier, renouvelaient, le premier en 1386, et le second en 1387, une donation de quarante *salaschi* de *Cigani* [3], c'est-à-dire de quarante tentes ou huttes de Bohémiens, faite au monastère de Saint-Antoine [4] par leur oncle Wladislas, qui avait régné en 1370.

Le nom de *Cigani*, fût-il seul, ne pourrait laisser aucun doute ;

---

1. Très-vraisemblablement par mer, comme je le ferai voir ailleurs.

2. *Memoriæ populorum* olim ad Danubium, Pontum-Euxinum, Paludem Mæotidem, Caucasum, etc., incolentium, ex scriptoribus byzantinis erutæ et digestæ ; Petropoli, 1771-79, in-4°, 4 ou 5 tom en 6 ou 7 vol

3. Les deux chartes qui constatent ce double fait appartiennent aux archives du monastère de Tismana ; elles sont en langue slavonne ancienne, et je n'en possède que la traduction valaque. Je dois la communication de ces deux pièces, dont j'indiquerai plus exactement la provenance en publiant l'une d'elles, à l'amitié de M. Nicola, Balcesco, jeune érudit roman qui a été membre du gouvernement provisoire de Valachie dans la récente révolution, et qui n'a cessé depuis lors, par son intelligente activité et son dévouement, d'acquérir de nouveaux titres à la reconnaissance de ses compatriotes.

4 Les monastères de Notre-Dame de Tismana et de Saint-Antoine sont situés dans l'ancien banat de Craïowa, ou Petite-Valachie. Ces monastères, dont la fondation était alors toute récente, existent encore, et le premier est aujourd'hui même l'un des plus florissants du pays

c'est le nom presque invariable des Bohémiens dans cette contrée. Le mot *salaschi* qui y est joint rend l'identité encore plus
certaine. En Valachie et en Moldavie, on ne se sert pas d'autre
mot pour désigner une ou plusieurs familles de Bohémiens
nomades.

Ainsi, non-seulement les Bohémiens existaient déjà en Valachie au milieu du quatorzième siècle, mais ils y étaient déjà,
comme aujourd'hui, à l'état d'esclaves. Il est donc bien clair que
l'établissement des Bohémiens dans l'Europe orientale est de
beaucoup antérieur à leur apparition dans l'Occident, et que
ces deux événements n'ont pas grand'chose de commun [1].
Voilà certes qui est très-important. On ne peut toutefois se dis-
simuler que la question finale, celle de savoir à quelle époque
les Bohémiens se montrèrent pour la première fois dans l'Europe orientale, se trouve par là rejetée dans un lointain de plus
en plus obscur.

La Valachie et la Moldavie réunies contiennent environ deux
cent cinquante mille Bohémiens. Tous y sont esclaves, ou du
moins l'étaient-ils il y a dix ans, à l'exception d'une classe in-
disciplinée et peu nombreuse (celle des *Netots*), qui ne s'est ré-
pandue, dit-on, dans les deux principautés qu'à une époque
toute moderne. Il faut ajouter qu'on n'y a jamais connu d'autres esclaves qu'eux ; c'étaient les nègres de cette contrée. De
plus, la Moldavie et la Valachie sont les seuls pays du monde
où les Bohémiens aient été réduits en esclavage [2]. C'est là un
fait extraordinaire ; mais ce qui doit étonner encore bien plus,
c'est qu'on n'a aucune notion sur l'origine de cet asservissement. Cet événement si capital, non-seulement dans l'histoire des
Bohémiens, mais dans celle des deux principautés, reste enveloppé
d'une obscurité complète [3]. On voit que nous sommes loin de la

1. Il est possible toutefois, comme je le remarquerai plus loin, qu'un flot nouveau
soit arrivé en Orient au commencement du quinzième siècle.

2. Il est bien entendu que je ne sépare pas la Bucowine ni la Bessarabie, pays
romans qui ont été enlevés à la Moldavie, le premier à la fin du dix-huitième siècle,
le second en 1812 seulement ; mais les Bohémiens ne sont pas esclaves et ne l'ont
jamais été, que je sache, même en Turquie ni dans la Transylvanie, qui tient par des
liens étroits de nationalité à la Moldo-Valachie

3. Si l'on s'en rapportait à M Stanislas Bellanger (*La Keroutza*, voyage en Moldo-
Valachie, Paris, 1846, t. II, pag. 113-114), on aurait des données assez précises sur
l'arrivée des Bohémiens dans cette contrée. Mais le récit de ce voyageur ne saurait
nous suffire. Quant à l'opinion vaguement exprimée par M. von Heister (p. 57) et par

solution désirée, laquelle peut être connexe avec le fait de l'asservissement des Bohémiens dans cette contrée, mais peut aussi en être
distincte. On ne saurait trop prier les Moldo-Valaques d'accor-
der à cette double question historique une attention toute particulière [1]. Elle a en elle-même un extrême intérêt ; et de plus sa
solution est destinée à éclairer vivement les ténèbres qui cou-
vrent encore sur beaucoup de points l'origine des Bohémiens.
Pour pouvoir établir la date approximative de leur émigration
des bords de l'Indus ou d'ailleurs, il faut au moins que l'on
sache à quelle époque et dans quelles circonstances ils sont arrivés dans les pays de l'Europe les plus rapprochés de leur ber-
ceau, dans les pays où ils ont toujours été le plus nombreux depuis leur dispersion.

L'histoire de l'arrivée et de l'établissement des Bohémiens
dans l'Europe orientale serait utile aussi pour éclaircir la question de l'unité ou de la diversité de race dans la grande caste
bohémienne ; question jusqu'ici négligée, et sur laquelle je me
propose ailleurs d'attirer l'attention.

Avant de quitter la Romanie, débarrassons-nous d'un passage
de M. Borrow, que je n'avais cité heureusement qu'avec une extrême défiance [2]. Suivant ce narrateur [3], plus ami de pittoresque
que sérieux, « les premiers Gypsies, au nombre de trois mille,
se montrèrent vers l'année 1417, sous le règne de Sigismond,
empereur d'Allemagne et roi de Hongrie, et se fixèrent en Moldavie près de Szuesava (Suciava, prononcez Sutchiava) [4], avec la

M. Vaillant lui-même (la Roumanie, t. II, pag. 3-4 et 30-31), que l'esclavage des
Bohémiens en Dacie est assez moderne, elle ne peut subsister devant nos deux chartes ;
c'est un préjugé qui tient sans doute à l'idée qu'on s'est faite, sans citer aucun texte
et peut-être à tort, du rôle bienveillant d'Alexandre le Bon à l'égard des Tsiganes.

1. Malheureusement, le moment est peu propice à de pareilles recherches ; et je ne
parle pas seulement du moment immédiat, car la barbarie ne peut prévaloir, et la
nouvelle invasion russe ne saurait durer. Mais le mouvement historique qui a com-
mencé à se produire dans la Romanie se porte naturellement de préférence vers les
souvenirs de grandeur nationale. J'ajouterai en passant que les anciens documents historiques de ce pays ont été en grande partie détruits ou dispersés : pour retrouver ceux
que nous regrettons ici, et qui ne peuvent avoir tous péri, il faudrait peut-être des recherches spéciales qui exigent plus de calme et de dégagement que n'en comportent
les circonstances présentes.

2. Voy. t. V de la Biblioth., p. 450; tirage à part, p. 15.

3. The Zincali, or an account of the Gypsies of Spain, London, 1841, in-8, t. I,
p. 14-15.

4. Capitale de la Bukowine. Ce pays appartenait alors à la Moldavie, et les princes
moldaves avaient fait de Suciava leur capitale.

permission d'Alexandre, woïwode de ce pays. » Où M. Borrow a-t-il pris cela? le voici. En 1418, Alexandre le Bon, woïwode de Moldavie, accueillit trois mille *familles arméniennes* émigrées d'Asie, et les établit à Suciava et dans cinq autres villes [1]. M. Borrow aura fait de ces Arméniens des Tziganes. Sans doute le renseignement lui avait été donné de vive voix par quelqu'un dont la mémoire était en défaut. La suite du passage de Borrow contient encore plusieurs inexactitudes de détail : tout ce qui reste vrai, c'est que l'empereur Sigismond, se trouvant à Zips (*Sepus* en latin) en Hongrie, accorda en 1423, à une bande de Bohémiens, une lettre de passe-port et de priviléges qui sera indiquée plus loin [2].

Il semble probable toutefois que le woïwode Alexandre prit à l'égard des Bohémiens quelques mesures favorables ; car M. Michel Kogalnitchan [3], qui accorde cependant (pag. 3) pleine autorité au mot *Gingarorum* fourni par Ludewig, dit (p. 5) que « en 1417 quelques hordes de ce peuple parurent en Moldavie ; » et il ajoute (p. 9) qu'Alexandre le Bon « leur donna de l'air et de la terre pour errer, du feu et du fer pour forger. » M. Vaillant [4] et M. von Heister répètent la même chose. A la vérité ce passage de M. Kogalnitchan, que les deux autres ont copié, n'est appuyé d'aucune citation.

Poursuivons notre marche vers l'ouest et vers le nord.

« On a prétendu trouver dans une chronique bohème la trace de l'existence des Bohémiens dans la Hongrie ou dans le voisinage, au milieu du treizième siècle. Przemislas III, plus connu sous le nom de Przemislas Ottocar II, roi de Bohème,

---

1. Voy. *la Roumanie*, etc., par Vaillant, t. I, p. 190.
2. Voy. deuxième partie, *Additions et corrections*.
3. *Esquisse sur l'histoire, les mœurs et la langue des Cigains..*, par Michel de Kogalnitchan (Moldave) ; Berlin, 1837, brochure in-8° (en français), p. 14.
4. *La Roumanie*, Paris, 1845, t. I, p. 183. M. Vaillant accepte ici l'opinion commune sur l'arrivée des Bohémiens en Europe en 1417 ; et à la fin du même volume (p. 394, en note) il fait ses réserves. C'est que, tandis que son premier volume était sous presse (commencement de 1844), des doutes lui étaient venus. Vers cette époque, M. Vaillant m'avait fait espérer des preuves de l'ancienneté des Bohémiens en Roumanie (voy. t V de la *Biblioth.*, pag. 444) ; mais, ainsi que je le remarque dans mon tirage à part (p. 10), les preuves lui ont manqué : M. Vaillant a fait paraître dans la *Revue de l'Orient* (cahier de juin 1844) un article sur les Bohémiens ; le document principal qu'il invoque en faveur de son opinion nouvelle, le seul direct et précis, est le mot *Gingarorum*, dans Ludewig, qui mérite peu de confiance, comme je l'ai montré.

après avoir battu, le 13 juillet 1260, sur les bords de la Morawa, Béla IV, roi de Hongrie, et son fils Étienne, écrivit une lettre au pape Alexandre IV, pour lui annoncer sa victoire. Dans cette lettre sont énumérés les peuples et les peuplades qui servaient comme auxiliaires dans l'armée ennemie; et si l'on s'en rapportait au texte de ce document tel qu'il est donné par le chroniqueur bohême anonyme, que Ludewig a publié dans ses *Reliquiœ manuscriptorum*, parmi ces auxiliaires figureraient des *Gingari*, c'est-à-dire, suivant toute apparence, des *Cingari*, des Bohémiens. Mais George Pray, qui raconte la guerre des Hongrois et des Bohêmes avec beaucoup plus de détails, a donné aussi la lettre de Przemislas, et ici, à la place de *Gingarorum*, se trouve *Bulgarorum*. Or, la leçon du chroniqueur anonyme est généralement détestable, comme il est facile de s'en convaincre en comparant les deux textes de notre pièce. Je suis donc autorisé à penser qu'il a mal lu en cet endroit ainsi qu'en beaucoup d'autres, et je crois que l'on peut rayer sans scrupule le mot *Gingarorum*. »

Voilà ce que j'écrivais il y a cinq ans; et mon jugement n'a pas changé : je vois toujours cent chances contre une pour qu'il y ait dans l'original *Bulgarorum* au lieu de *Gingarorum* [1]. Cependant la vérification sur l'original, en supposant qu'il existe

---

1. Je vais mettre le lecteur à même de juger combien la leçon du chroniqueur anonyme est généralement mauvaise, et l'autre préférable, en citant seulement l'énumération des auxiliaires du roi de Hongrie d'après les deux textes. Mais avant cela il importe de faire connaître tous les textes de ce document. — Balbinus (*Miscellanea histor. regni Bohemiœ, decadis 1, liber VIII, Epistolaris, vol. I, Vetero-Pragœ*, 1688, petit in-fol., formant la deuxième partie du troisième volume des *Miscell. histor.* de Bohême de Balbinus, p. 11-14) avait déjà publié avant Ludewig (*Reliquiœ manuscriptorum*, Francof. et Lipsiæ, 1720-1740, en 12 vol. in-8°, t. XI, p. 300-303) la lettre du roi de Bohême; et tandis que Ludewig, simple éditeur d'une chronique anonyme, reproduit textuellement la copie contenue dans cette chronique manuscrite, Balbinus avait donné ce texte sous sa responsabilité, et en indiquant la source originale : « *Ex codice capitulari S. Ecclesiæ Pragensis;* » ce qui offre plus de garanties. Or, c'est d'après Balbinus, comme il l'indique, que Pray (*Annal. regum Hungariæ ab an. Ch.* 997 *ad an.* 1564; Vindobonæ, 1764, in-fol, p. 305-309) a donné la lettre. Tels sont les textes, tous trois complets, de cette pièce, qui est fort longue. (Pray ajoute dans sa note : « Habet easdem litteras in Chronico continuator Cosmæ Pragensis, sed non integras. ») Je les ai collationnés tous les trois, dans la partie qui nous intéresse Ceux de Balbinus et de Pray ne présentent que de rares et insignifiantes différences d'orthographe; voici donc le texte de Balbinus et de Pray, avec les variantes de Ludewig entre parenthèses :

Ottocare II fait savoir au pape qu'il a eu à combattre « adversus Belam, et natum ejusdem Stephanum, Hungariæ reges illustres; et Danielem Russiæ regem, et filios

encore, aurait aujourd'hui plus d'intérêt ; car si, contre toute
attente, le mot *Gingarorum* s'y trouvait, il acquerrait une force
nouvelle des connaissances que nous possédons maintenant[1],
aussi bien que de considérations puisées dans l'histoire des colonies étrangères en Hongrie.

Je disais encore dans mon précédent mémoire : « Il existe un
document d'où quelques auteurs[2] ont voulu tirer la preuve que
les Bohémiens étaient déjà en Pologne vers la même époque.
Dans une charte de 1256, émanée de Boleslas V, dit le Chaste,
roi de Pologne, se trouve la phrase suivante : « ... *et advenæ qui
vulgariter Szalassii vocantur, a servitute exactionis custodiæ...
sint in perpetuum absoluti*[3]. Le nom de *Szalassii* provient évidemment du mot polonais *szalasz* (prononcez *schalasch*), qui
veut dire *tente*[4]; et les Bohémiens étant une race nomade qui vit
volontiers sous des tentes, on a cru les reconnaître à travers
cette dénomination. Mais comme ils ne sont ainsi désignés nulle
part (en Pologne), et comme dans les textes polonais on les appelle toujours *Cygani* ou *Philistæi ;* comme d'ailleurs il n'est pas
fait mention d'eux dans les titres polonais avant 1501, cette in-

ejus, et cæteros Ruthenorum ; ac Tartaros, qui eidem (eisdem) in auxilium venerant
(venerunt) ; et Boleslaum Cracoviensem et Lestconem (Lazkonem) juvenem (Simonem ,
Lusiciæ (Lanesatiæ) duces ; et innumeram (innumerabilem) multitudinem inhumano-
rum hominum, Cumanorum, Ungarorum et diversorum Sclavorum (Slavorum), Siculo-
rum quoque (que) et Walachorum (Vasallorum), Bezzerminorum, et Hismahelitarum,
schismaticorum (scismaticorum) etiam , ut pote (ut etiam) Græcorum, Bulgarorum
(Gingarorum), Rusciensium (Bassierndorum) et Bosnensium (Bastrensium) hæretico-
rum. » — Pour ne prendre que les mots les plus importants, *Walachorum* paraît en
effet bien préférable à *Vasallorum*, *Bosnensium* à *Bastrensium*, et probablement
Rusciensium à *Bassierndorum*. Dès lors, à l'endroit des mots *Bulgarorum* et
Gingarorum, le texte de Balbinus et de Pray doit inspirer *à priori* plus de confiance ; a plus forte raison, quand on considère qu'il serait vraiment étonnant que les
Bulgares ne figurassent point dans cette énumération, qui mentionne tous les peuples
importants de la Hongrie et des pays voisins.

1. M. Pott, t. I, p. 61, a ajouté foi au mot *Gingarorum*, parce qu'il ne connaissait
pas le texte de Balbinus et de Pray ; mais il a mis en doute l'identité des *Gingari* et
des *Cingari*. Si le mot existe, ce que je ne crois pas, je ne saurais être aussi difficile.
Je présenterai ailleurs des observations qui expliquent comment les Bohémiens auraient pu faire partie de l'armée de Bela IV.

2. Tadé Czacki hésite du moins devant ce document.

3. Cette charte est publiée dans Samuel Nakielski, *Michovia, sive promptua-
rium antiquitatum monasterii Michoviensis*; Cracoviæ, 1634, in-fol., p. 176.

4. Il y a ici une légère inexactitude. En polonais comme en russe, *szalascz* signifie
hutte, habitation sauvage, construction improvisée; et pour *tente* il y a un autre
mot ; mais le mot *hutte* convient tout aussi bien.

terprétation est peu plausible. Le savant professeur Danilowicz
examine le cas que l'on doit en faire, dans une brochure sur les
Cygans, publiée à Wilna vers 1820 ou 1825 (en polonais)... ;
et pour conclusion il hésite entre deux hypothèses : il croit que
la phrase en question se rapporte à des débris tatars, ou que la
charte elle-même est fausse. Quoi qu'il en soit, un pareil document me paraît insuffisant pour prouver un fait si nouveau [1]. »

Isolé, ce document était insuffisant en effet ; mais il acquiert
aujourd'hui une assez grande valeur. Une observation que j'avais
omis de présenter en faisant connaître ce document, et qui est
importante [2], c'est que le mot *salasch* (en valaque *sălássŭ*), mot
slave d'origine [3], est resté dans la langue valaque pour signifier presque exclusivement *une famille de Bohémiens nomades* [4].
C'est l'expression consacrée aujourd'hui. Nous venons de voir
que ce mot, avec le même sens, était également en usage en Valachie vers 1370 : dès lors il ne serait pas étonnant que les
étrangers auxquels les Polonais donnaient le nom de *Szalassii*
un siècle auparavant, fussent des Bohémiens. Il était naturel
qu'on se montrât difficile sur ce texte, alors qu'aucun autre
document parfaitement explicite ne prouvait l'existence des

---

1. Dans la *Biblioth. de l'Ecole des ch.*, t. V, p. 445-446; *tirage à part*, p. 10-11.

2. Ce rapprochement, M. Pott ne l'a pas oublié (t. II, p. 527); il trouve la coïncidence étonnante, mais purement fortuite : je ne serais pas étonné qu'il changeât maintenant d'avis. Quant au mot *szalasz*, qui sert évidemment d'etymologie au mot
Szalassii, qu'il signifie, soit en polonais, soit en russe, *tente* — ou *baraque*, comme me
l'objecte M. Pott,— cela me semble peu important : dans l'Europe orientale, les Bohémiens se servent presque autant de huttes que de tentes ; et, en fin de compte, le
mot, quelle que soit sa signification primitive, a paru bon dans la langue slavonne
qui était autrefois employée en Valachie, pour désigner les Bohémiens ; je ne vois pas
pourquoi les Polonais, qui sont des Slaves, ne lui auraient pas donné la même
valeur.

3. Ou tout au moins naturalisé dans les langues slaves, et d'importation visiblement
étrangère chez les Romans.

4. *Sălássŭ* (prononcez *Salasch*), au pluriel *Sălássurĭ*, exprime, en valaque, l'idee
du foyer sauvage, du toit patriarcal ; on s'en servirait pour désigner les habitations
des anciens Hebreux, et généralement la tente ou la hutte de toute famille nomade ;
mais on l'applique surtout aux familles des Bohémiens sans domicile. Il est d'un
usage si habituel dans cette application, qu'il est à peine nécessaire d'ajouter le nom
de *Cigani*, ou de *Sclavi*, ou de *Robi* (esclaves), pour faire comprendre qu'on veut
parler de Bohémiens —Ceux-ci se vendaient habituellement par *Sălássurĭ*, c'est-à-
dire, étymologiquement, par tentes ou huttes, et, dans le sens vulgaire, par familles,
plutôt que par individus, la plupart des maitres ayant au moins l'humanité de ne pas
séparer les membres de la même famille.

Bohémiens dans l'Europe orientale à une époque fort antérieure à 1417, et avant qu'on eût remarqué la coïncidence particulière du mot *Szalassii* avec celui de *salasch*, qui servait tout spécialement, dans un pays peu éloigné de la Pologne, à désigner l'élément primordial des hordes bohémiennes. Maintenant le doute ne me paraît plus guère être permis. Puisque l'on trouve les Bohémiens esclaves en Valachie au milieu du quatorzième siècle, et qu'on a tout lieu de supposer qu'ils y existaient déjà depuis un temps plus ou moins long, il n'est point invraisemblable qu'un certain nombre d'entre eux se fussent répandus un siècle auparavant jusque dans la woïwodie de Krakovie [1]. L'état dans lequel on les y rencontre n'a plus rien non plus qui doive surprendre : ils ne sont pas indépendants et indisciplinés, comme on a coutume de se représenter les Bohémiens ; ils sont dans une condition [2] qui, bien que plus libre que celle de leurs

1. Notre charte, donnée par Boleslas V, duc de Pologne (*dux Cracoviæ et Sandomiriæ*, suivant les termes de la charte), confirme les droits et priviléges du monastère de Miechow, qui est situé dans le duché de Krakovie. — De la Moldo-Valachie au duché de Krakovie il n'y a guère qu'une centaine de lieues.

2. Attendu, dit la charte de Boleslas, qu'il est constant pour nous que tous les villages (*villas*) du monastère (*domus*) de Michow, du saint sépulcre de Jérusalem, établis dans le diocèse de Krakovie par nos prédécesseurs, les illustres ducs Kazimir, notre aieul, et Leskon, notre père, de glorieuse memoire, ont été dotés de telles libertés, « ut omnes coloni ipsarum villarum et tam ipsius domus.. . quam prædictorum colonorum aratores ac mercenarii et advenæ qui vulgariter *Szalassii* vocantur a servitute exactionis custodiæ, quæ stroza in vulgari nuncupatur, et a pensione mensuræ, quæ srezna æque vulgariter appellatur, et a perangaria quæ a vulgo podwoda nominatur, sint in perpetuum absoluti, præfatas libertates ratas habemus et acceptas.... » Les colons dont il est ici question sont les paysans propriétaires à certaines conditions et sauf certaines redevances ; il pourrait se faire que le mot *advenæ* eût également un sens particulier, qu'il ne signifiât point des étrangers en général, mais des étrangers à la seigneurie, des gens qui ont changé de seigneur ou qui ne dependent d'aucun, et qui portent leurs bras là ou ils croient trouver du travail. On comprendrait que ces mercenaires nomades, ou certains d'entre eux, habitassent des tentes ou des huttes, et qu'on leur eût donné en conséquence le nom de *Szalassii*. Le mot *advenæ* ainsi entendu serait moins favorable à notre interpretation, parce qu'il n'indiquerait pas necessairement des etrangers à la nation polonaise ; toutefois, dans cette acception même, il ne les exclurait pas : la question serait de savoir si les *Szalassii* sont des *advenæ* d'une espèce nouvelle et particulière, ou si les deux mots sont simplement synonymes. Or, ce qui me fait douter fortement de la synonymie, c'est que si le mot *Szalassii* avait eu un sens aussi étendu, s'il avait été l'expression consacrée pour désigner toute une classe de personnes, il devrait se rencontrer fréquemment dans les anciens actes, et être connu de tous les Polonais versés dans l'érudition nationale, comme le sont chez nous les mots *albani*, co-

frères de Valachie, la rappelle à quelques égards, dans une condition qui paraît se rapprocher beaucoup de l'état où se trouvaient quelques Bohémiens de Chypre au temps de Lusignan.

A la vérité le mot *Szalassii* pourrait, d'après son étymologie, s'appliquer à des débris tatars à peu près aussi bien qu'à des bandes bohémiennes. Mais les Tatars n'étaient que trop connus en Pologne, et l'on s'expliquerait difficilement pourquoi le rédacteur de la charte serait allé chercher pour les désigner cette périphrase : *advenæ qui vulgariter Szalassii vocantur.* Cela se comprend beaucoup mieux des Bohémiens, race mystérieuse, qui, suivant toute apparence, ne s'était montrée dans le pays que depuis peu, *advenæ* [1], et qu'on ne savait trop comment appeler.

Quant à suspecter l'authenticité de la charte, à cause de ce mot *Szalassii* auquel on ne pourrait trouver d'autre sens que celui de Bohémiens, je crois que personne n'y songera plus maintenant. Des auteurs polonais remarquent qu'on ne trouve nulle part (en Pologne) ces nomades ainsi désignés ; mais c'est justement ce qui me semble mettre hors de doute la sincérité du document. Il est certain que le mot a cessé, dans les siècles suivants, d'avoir cours en Pologne. Or, si la pièce avait été fabriquée après coup, ce sont au contraire des mots nouveaux, trop nouveaux, que les moines auraient pu avoir la maladresse d'y introduire. Ou ils se seraient dispensés de parler des Bohémiens, ou ils les auraient désignés par un nom qui fût connu alors de tout le monde.

J'ai remarqué [2] que l'ancienneté de la race bohémienne en Pologne était un préjugé historique assez répandu dans ce pays.

---

loni, etc., qui ont un sens analogue. La nouveauté, au contraire, les a étonnés au point que quelques-uns ont mis en doute l'authenticité de la charte ; il est donc particulier, accidentel. Dès lors à qui le rapporter, si ce n'est à des Bohémiens qui se seraient offerts comme mercenaires, et qui auraient été quelque temps connus dans cet endroit sous le nom de *Szalassii*, soit parce qu'ils avaient eux-mêmes apporté ce nom de la Romanie, soit parce que les habitants auraient appris que ces étrangers étaient ainsi désignés à cent lieues de là, soit enfin parce que l'équipage de ceux-ci aurait suggéré aux Polonais, comme aux Romans, cette dénomination à défaut d'autre.

1. A la vérité, la charte de Boleslas confirme d'*anciens* privilèges ; mais elle entre dans certains détails dont l'objet peut être recent.

2. *Biblioth. de l'École des chartes*, t. V, p. 446-447 ; *tirage à part*, p. 11-12.

Quoiqu'il se présentât dénué de preuves, je suis porté à croire aujourd'hui que ce préjugé n'était pas sans fondement: je renonce donc à cette idée trop accréditée, qu'ils ne se seraient répandus en Pologne que vers la fin du quinzième siècle. Si le document que nous venons d'examiner laisse encore quelques doutes sur la présence des Bohémiens en Pologne au milieu du treizième siècle, je crois du moins qu'il n'est plus possible de s'en tenir à une opinion contraire [1]. La question de l'apparition des Bohémiens en Pologne semble devoir être rattachée désormais à la question encore obscure de l'apparition de ces nomades dans l'Europe orientale. Tout fait présumer qu'il en sera de même pour la Russie, au moins pour la Russie méridionale.

Cela serait-il également vrai de la Silésie et de la Suède? C'est ce que tendraient à faire soupçonner les documents suivants.

Les *Reliquiæ manuscriptorum* de J.-P. de Ludewig, ouvrage que nous avons déjà eu à citer, contiennent (t. VI, p. 484-485) deux pièces de 1344 et 1394 [2], dans lesquelles une rue de la ville de Schweidnitz (dans la régence de Breslau) est appelée *Czichener-gasse* (*gasse*, rue). L'éditeur a noté sur la marge « *Zigeuner-gasse*, » rue des Bohémiens. Von Heister [3], qui cite ces documents d'après Gråberg de Hemsö [4], n'est pas disposé à admettre l'interprétation de Ludewig. « En supposant même, dit-il, que ces étrangers fussent déjà en Silésie au quatorzième siècle, il est souverainement improbable qu'ils eussent donné leur nom à une partie de la ville, sans qu'aucune chronique les men-

1. Il n'est pas vrai du reste, comme je le rapportais timidement d'après Czacki, que le roi de Pologne Sigismond Ier ait donné des passe-ports aux Bohémiens : ainsi que je le soupçonnais, Czacki avait confondu ce roi avec l'empereur Sigismond, et il a reconnu son erreur dans une petite dissertation sur les Cygans (que je n'ai pu encore me procurer); c'est ce que m'assure M. J. Lelewel dans une des lettres qu'il a eu la bienveillance de m'écrire. — Laurent Palmirenus, cité par Grellmann (2e édit. allem., p. 217 ; trad. française, 219), avait commis la même erreur.

2. Dans la première, les échevins de Schweidnitz confirment la donation, faite au couvent de Grissau ou Grissow, d'une maison, d'une cour ou d'un manse d'espèce quelconque (curiam), situé *in platea quæ* CZICHENER-GASSE *dicitur*. Dans la seconde, qui est en allemand, il s'agit d'une rente appartenant au même couvent, laquelle est inscrite sur une maison de ladite rue CZICHENER-GASSE. — « D'après la communication bienveillante de M. le professeur et bibliothécaire Stenzel à Breslau, le *Czichener-gasse* existe encore aujourd'hui à Schweidnitz. Dans toute la Silésie il n'y a plus actuellement de Bohémiens. » Note de Von Heister, p. 85.

3. *Ethnographische und geschichtliche Notizen über die Zigeuner;* Kœnigsberg, 1842, in-8°, p. 85.

4 Voy la troisième note en suivant.

tionnât. Probablement la rue en question a pris son nom des tisseurs du coutil qu'on appelle *Zichenleiwand* » (toile rayée pour faire des oreillers, des matelas, etc.), « ou des tisseurs d'étoffes (*Zengwebern*). » Ludewig et Gråberg de Hemsö ont, à mon sens, tranché beaucoup trop légèrement la question. Mais, d'un autre côté, je ne saurais adopter les observations de M. von Heister. Son objection principale est sans valeur : l'ignorance où nous sommes des commencements des Bohémiens dans l'Europe orientale et septentrionale le démontre assez. Il y a d'ailleurs par le monde bien des *rues des Bohémiens;* on en trouve jusqu'en Amérique[1]. Sans sortir de la France actuelle, nous rencontrons une *rue des Bohémiens* à Perpignan, et nul document connu n'indique l'époque à laquelle les Bohémiens commencèrent à la fréquenter. Il y a aussi à Saint-Jean-de-Luz (près de Bayonne) un quartier des Bohémiens; Ciboure, qui touche à cette petite ville, est en grande partie peuplé de cette espèce de gens ; et, bien que leur établissement y soit assez récent, on a quelque peine à en fixer la date précise. Les étymologies proposées par M. von Heister ne me paraissent pas non plus merveilleuses. En supposant que le mot de *Czichener* ne se rapporte pas aux Bohémiens, je crois qu'il faudrait le rapporter aux Tcheks, c'est-à-dire aux Bohêmes, qui s'appellent eux-mêmes *Czech* (prononcez Tchek), que les auteurs du moyen âge appelaient en latin *Tzechi*, et dont le nom allemand peut bien être *Czechener*, au moins à l'adjectif. Les Tcheks devaient avoir dès cette époque de fréquentes relations avec la Silésie, qui est un pays slave comme la Bohême, et tout voisin. Je m'étonne que notre auteur allemand n'ait pas fait ce rapprochement, qui me paraît de nature à faire douter beaucoup de l'identité de *Czichener* avec *Zigeuner*. Du reste, en admettant même que les *Czichener* ne soient ni des Bohémiens ni des Bohêmes, je n'en serais guère mieux disposé à admettre les interprétations données par von Heister, surtout la seconde; j'aimerais au moins autant supposer que le nom de Czichener a une origine incertaine; qu'il vient peut-être d'un nom propre, d'un nom de ville[2] ou d'un

1. Il y a a Rio-Janeiro une rue des *Ciganos*. Voyez *Gazette des Tribunaux* du 24 avril 1844.

2. Il y a, par exemple, en Mazovie, une ville du nom de Cziechanow, et je me rappelle vaguement avoir rencontré aussi sur la carte d'Allemagne des noms de lieux qui se rapprochaient beaucoup de *Czichener*, et même de *Zigeuner*. — Que de rues à Paris ont reçu tel nom de ville, sans qu'on en puisse dire exactement la raison !

nom d'homme. En résumé, sans vouloir décider la question, qui me paraît douteuse, je remarque, d'une part, que l'identité des mots *Czichener* et *Zigeuner* (chez les anciens auteurs, *Zigeiner*, chez Corner, en latin, *Secani*, etc.) est très-contestable, et notamment que le mot *Czichener* paraîtrait s'appliquer encore mieux aux Bohêmes qu'aux Bohémiens ; mais, d'autre part, que la Silésie est bien près aussi du duché de Krakovie, où nos *Szalassii* étaient déjà établis un siècle auparavant.

La Suède est plus éloignée ; mais, comme nous n'avons aucune notion sur l'apparition des Bohémiens dans la Russie, qui sépare seule ce pays de la mer Noire et de l'Asie, rien ne pourrait contredire les preuves qui seraient fournies de la présence de ces étrangers en Suède à une époque reculée. Or, Gråberg de Hemsö [1] cite, d'après Laurent Rabenius [2], un édit du roi Birger (ou plutôt de son tuteur Thorkel Knutson), en date du 12 mars 1303, qui bannit plusieurs espèces de vagabonds, et entre autres « des gens de rien, appelés *Sculuara*, et des étrangers qui ne sont au service de personne, lesquels sont connus pour avoir commis en beaucoup de lieux des meurtres occultes, dits *mord* [3], des vols et des larcins, et une foule d'autres méfaits [4]. » L'ordonnance déclare que tous gens de rien qui, un mois après la publication des présentes, seraient trouvés dans le royaume à l'état de vagabonds, et ne pourraient désigner le seigneur auquel ils appartiennent, seraient punis par la perte de tout ce qu'ils possèdent, par la flagellation et par la mutilation des oreilles. La récidive quintuple la peine corporelle. Cet édit ressemble beaucoup aux ordonnances qui ont été rendues plus tard dans presque tous les pays contre les Bohémiens, et von Heister ne le nie pas ; mais, selon lui, il n'en résulte pas une identité nécessaire entre les Bohémiens et les vagabonds qui sont désignés ici. Cette analogie ne suffirait pas, je le

1 *Mémoires de l'Acad. impér. des sciences*, etc., de Turin, 1813, t. XXI, Append. Doutes et conjectures sur les Bohémiens et leur première apparition en Europe, par M. Gråberg de Hemso (Suédois).

2. L. Rabenii *Observationes historiam Zigeunorum illustrantes*; Upsal, 1791. Thèse soutenue à l'université d'Upsal (Suède).

3. *Mord* signifie simplement *meurtre* en allemand. Les *homicidia occulta* sont des meurtres commis par le moyen de la magie.

4. .... Quod ipsius regni incolæ propter clientum et cursorum et garcionum vagorum dictorum *sculuara*, et præcipue ac maxime extraneorum nulli serventium crebros transitus prægravantur, qui in multis locis homicidia occulta, *mord* dicta, furta et latrocinia ac alia plurima fore facta dignoscuntur intollerabilia commisisse

reconnais ; mais il y a dans ce document un mot qui pourrait avoir de l'importance : c'est le mot *Sculuara*. M. Gråberg de Hemsö remarque, avec Rabenius, que l'un des noms des Bohémiens en Suède est celui de *Skojare* [1], qui vient de *skoja*, courir, et qui veut dire vagabonds, rôdeurs, coureurs, maraudeurs, et, par similitude, maquignons ; et il prétend que *Sculuara* n'est que le même mot un peu altéré, ainsi que le prouvent les expressions *cursores* et *garciones vagi*, dont il est donné comme l'équivalent dans la charte latine. « La leçon de *Sculuara* au lieu de *Scujara*, ajoute-t-il, dérive de l'ignorance du copiste ou du traducteur, qui a voulu latiniser un mot qu'il ne savait pas traduire. » Je n'ose me prononcer [2] ; mais je dois remarquer, contre von Heister, que le silence des chroniques suédoises du quatorzième siècle, en supposant qu'on eût bien compulsé celles qui restent de cette époque, ne prouve rien, et laisse au contraire toute latitude [3]. Ce qui serait un argument véritablement fort contre la présence des Bohémiens en Suède au quatorzième siècle, ce serait

1. En Suède on les appelle aussi *Tattare* et *Ziguenare*, d'après Gråberg de Hemso. Pour moi, je n'ai pas de renseignements particuliers sur les Bohémiens de Suède. Je sais seulement qu'en Suède, comme en Norwége et en Danemark, leur nom classique est celui de *Tater*.. Quant aux noms populaires, il y en a plusieurs dans ces deux derniers pays, d'ou me sont venus quelques renseignements : le plus répandu, en Danemark surtout, est celui de *Tater-pak* ou *Skœier-pak*, employé collectivement (*pak* signifie foule, cohue, réunion, toujours dans un mauvais sens; et *skoier*, coureur, bruyant, tapageur, libertin, et, par extension, voleur, vaurien). Dans la province de Bergen (Norwége), le peuple appelle les Bohemiens *Splinter* ou *Splinte-pak* (*splint* signifie brin, fétu, écharde, esquille, mais a dû signifier aussi lambeaux, guenilles, et c'est probablement la l'etymologie) D'après Dorph (*De Jydske Zigeunere og en rotvelsk Ordbog*, Kjobenhavn, 1837, p. 8-9), on les appelle aussi en Danemark *Kjeldringer* (qui paraît signifier raccommodeur de chaudrons), et *Natmœndsfolk* (*nat*, nuit, *mœn*, hommes, *folk*, gens, foule, masse) ; ces deux noms ne sont pas usités en Norwége, excepté le premier, dans ce mot composé *Kieldringsprog*, qui sert a désigner la langue des Bohémiens, tandis qu'on ne dit pas *Splinter-sprog*.

2. Une question serait de savoir si le nom qui sert aujourd'hui en Suède à désigner les Bohémiens, et, je crois, les Bohémiens seuls, a eu autrefois une acception plus générale, et a pu s'appliquer à d'autres vagabonds. Von Heister remarque que, d'après les observations consignées par Gråberg lui-même (*loco cit.*, p. 39), on confondit de bonne heure dans le Nord (en Danemark) des jongleurs et des devins avec les Bohémiens. On ne les confondit certainement pas à l'arrivée de ceux-ci ; mais certains noms auraient pu être appliqués aux uns et aux autres, ou passer des uns aux autres. Depuis, les Bohémiens, dans cette contrée, doivent s'être bien mêlés avec les autres vagabonds et les voleurs ; car, en Danemark, la langue bohémienne et l'argot sont presque confondus.

3 C'est ce qu'on vient de voir pour la Valachie et d'autres pays.

le témoignage d'un chroniqueur plus récent racontant leur apparition toute nouvelle. Mais je ne connais rien de pareil. Messenius, que j'ai cité dans mon précédent mémoire[1], vivait au commencement du dix-septième siècle (il est mort en 1637); ce n'est pas un chroniqueur, un témoin; c'est un compilateur et un historien, qui a pu se tromper. Son assertion n'a de valeur que jusqu'à preuve contraire.

S'il était prouvé que l'ordonnance de 1303 se rapporte, entre autres vagabonds, aux Bohémiens, peut-être faudrait-il ajouter que ce ne fut pas la première qui les concernât; car il est dit dans cette ordonnance que le père de Birger en avait déjà rendu une semblable[2].

Je comptais, du reste, qu'on pouvait espérer d'avoir prochainement quelque lumière nouvelle sur les Bohémiens de ces contrées. Un Norwégien, M. Eilert Sundt, a reçu, l'an dernier, de son gouvernement, la mission de parcourir la Norwége pour y recueillir les traditions des Bohémiens et pour étudier cette race singulière. M. Sundt lui-même vient de me faire l'honneur de m'écrire une longue lettre[3] qui renferme des détails d'un extrême intérêt; mais, pour ce qui concerne l'arrivée des Bohémiens dans la Péninsule du nord, il n'est pas beaucoup plus avancé que moi. La plus ancienne mention qui soit connue des Tatern en Norwége, se trouve dans une loi de 1589; et il ne paraît pas que la Suède fournisse aucune indication certaine antérieure à celle

1. *Biblioth. de l'École des chartes*, t. V, p. 534.

2. Preterea vos scire volumus quod qualiter super his vel aliis vagabundis indigenis vel extraneis regnum transeuntibus dilectus pater noster Dn. Magnus (Magnus Ier, dit Ladislas), rex bonæ memoriæ, statuit, et nos postmodum ordinare decrevimus, vobis infra predicti mensis spatium intendimus lucidius declarare.

3. En date de Christiania, 8 juillet 1849. — Entre autres choses intéressantes, M. Sundt veut bien me communiquer une liste de mots de la langue des *Tatern*, et des traditions bohémiennes très-curieuses qui ne se retrouvent pas chez nous. Plusieurs Tatern ont raconté à M. Sundt que « leurs saints ancêtres avaient apporté la langue *romanni* (bohémienne) de la ville d'*Assas*, située dans le pays d'*Assaria*, » etc.; et M. Sundt me fait remarquer en même temps un passage des *Antiquités indiennes* (*Indische Alterthumer*) de Lassen, t. I, p. 385-86 et 456, qui ouvre un aperçu nouveau sur la question d'origine. — M. Sundt m'annonce du reste que son ouvrage, qui doit être court, trop court sans doute, paraîtra prochainement. Je souhaiterais que les nouvelles données, fournies par le présent Mémoire, l'engageassent à poursuivre ses recherches historiques. Dans tous les cas, mille remercîments a M. Sundt, et aussi au lieutenant George Vedeler, à l'entremise duquel je dois cette précieuse communication.

que j'ai trouvée dans Messenius, et qui se rapporte à l'année 1513.
M. Sundt hésite en conséquence, comme moi, devant l'interprétation présentée par Gråberg de Hemsö. Il me fournit toutefois une observation qui a son importance. D'après divers indices, et d'après les propres affirmations des Tatern de Norwége, il regarde comme certain que ceux-ci sont arrivés dans le pays, non par le Danemark et la Suède méridionale, mais par le nord de la Suède et le duché de Finlande, c'est-à-dire, par le nord de la Russie. Les traditions bohémiennes que me communique M. Sundt viennent à l'appui de cette affirmation : leur originalité indique que les Tatern appartiennent à un détachement de la race bohémienne, différent de celui qui s'est répandu dans l'Occident.

En résumé, rien ne subsiste en faveur de l'opinion qui fixe vers l'année 1417 l'arrivée des Bohémiens dans l'Europe orientale. Au contraire, nous avons la preuve certaine de l'établissement des Bohémiens en Chypre et dans les îles de la Méditerranée au commencement du quatorzième siècle, et de la présence de Bo-hémiens esclaves en Valachie vers 1370. De plus, l'assimilation des *Szalassii* aux Bohémiens, c'est à-dire, la présence de ceux-ci dans le duché de Cracovie dès 1256, prend une grande vraisemblance. Enfin, nous avons eu à signaler, d'après M. Kopitar, les Σικάνοι de la fin du onzième ou du commencement du douzième siècle, et à examiner quelques documents à l'aide desquels on a prétendu établir l'existence des Bohémiens dans plusieurs pays de l'Europe orientale et septentrionale dès le treizième et le quatorzième siècle : dans la Hongrie (ou la Transylvanie qui lui appartenait), en 1260 ; dans la Silésie, en 1344 et 1394 ; dans la Suède, en 1303. Mais ces documents, sans excepter celui qui concerne les Σικάνοι, sont de valeur contestable ; et notamment, bien que l'existence des Bohémiens en Hongrie dès le milieu du treizième siècle fût une conséquence presque forcée de leur présence dans le duché de Cracovie à la même époque (si cette présence était entièrement prouvée), il est probable que les *Gingari* de 1260 ne sont qu'une erreur de copie.

Quant aux Bohémiens qui nous sont signalés en Chypre, en Valachie, et dans le duché de Cracovie, nous les trouvons dans des conditions différentes qui méritent d'être observées. En Chypre, leur état, assez bien défini au milieu du quinzième siècle, ne paraît pas l'être vers 1332. L'observateur qui les dépeint a cette époque ne sait pas leur nom: il est vrai que c'est un étranger, un Anglais. En somme, rien n'indique qu'ils fussent dans ce pays depuis longtemps ; mais il n'y a pas non plus de circonstance décisive qui prouve que leur arrivée fût toute récente. La condition dans laquelle nous les trouvons en Valachie vers 1370 est beaucoup plus significative. Ils sont déjà esclaves comme aujourd'hui ; d'un trait de plume, comme on le pouvait faire il y a quelques années, le maître en donne quarante familles, c'est-à-dire, cent quatre-vingts têtes au moins. Enfin, les noms qui servent à les désigner dans cette condition sont les noms actuels, et ces noms sont employés sans aucun commentaire, comme parfaitement connus de tous. Évidemment ces Cigani sont dans le pays depuis un temps assez long. Il paraît en être tout autrement des Bohémiens signalés dans le duché de Cracovie en 1256 : la manière dont l'autorité les désigne semble indiquer qu'ils sont arrivés dans le pays depuis peu.

Maintenant il est naturel de se demander s'il ne serait pas possible de suppléer jusqu'à un certain point à l'insuffisance des documents, et d'arriver, par un enchaînement d'hypothèses, à fixer l'époque probable de l'établissement des Bohémiens dans l'Europe orientale. Cette question, je me la suis posée ; je n'ose dire que je l'aie résolue, voulant me réserver de l'examiner encore. Je suis toutefois assez porté à supposer que les Bohémiens se sont répandus dans l'Europe orientale dans le cours du treizième siècle [1] ; et notamment qu'ils se sont établis en assez grand nombre dans la Hongrie vers 1245 ou 1250. Je ne regarde pas ces hypothèses comme assez définitives pour que je développe aujourd'hui les considérations qui m'y ont conduit ; mais il était peut-être utile d'en consigner le résultat. Selon moi, il y a des présomptions pour que les documents qui résoudraient le problème de l'arrivée des Bohémiens dans l'Europe orientale appartiennent au treizième siècle, et soient même très-voisins de 1245 ou 1250 pour la Hongrie. Si cette supposition est exacte, elle peut éclairer les investigateurs et faciliter les découvertes. Du reste, je l'applique seulement à l'Europe orientale, ou même

1. Il paraît que cette opinion a déjà été émise dans les principautés du Danube. Je trouve dans M. Colson (*De l'état des principautés...* Paris, 1839, in-8°, p. 142). « Les Cigains.... parurent pour la première fois en Moldavie, *suivant les uns au treizième*, selon d'autres au quinzième siècle, en 1417. » M. Colson est un écrivain très-exact.

à certaines parties de cette région, sans rien préjuger pour les pays du nord, tels que la Russie, la Suède, etc.

Même en supposant que mes prévisions générales se justifient relativement à l'Orient, tout ne sera pas encore dit sur l'arrivée et l'établissement des Bohémiens dans ces contrées. De même que leur dispersion en Occident s'est opérée graduellement, elle peut avoir eu plusieurs phases en Orient ; et là, par l'effet de diverses circonstances locales, ces phases successives ont pu être encore plus distinctes. Dans ce mouvement de migration, plusieurs flots ont dû se succéder ; il n'est pas impossible, par exemple, qu'un flot nouveau soit arrivé vers l'époque où les Bohémiens se répandirent en Occident, que d'autres soient venus encore plus tard. Quoi qu'il en soit, les fortunes diverses que cette race aventureuse rencontra parmi des peuples si divisés de mœurs et de langage, et dans des pays si troublés, méritent attention. Voilà ce que les investigateurs ne doivent pas perdre de vue.

De toutes manières, nous sommes toujours loin, comme on le voit, de l'hypothèse du docteur Hasse [1], qui trouve les Bohémiens sur les bords du Danube dès le temps d'Hérodote. Les observations que Hasse produit à l'appui de son opinion sont assez spécieuses pour mériter une critique approfondie. Mais l'examen de cette hypothèse sera mieux placé dans nos travaux nécessairement un peu hypothétiques sur l'origine des Bohémiens. Nous avons voulu nous borner ici à la production et à la critique des documents précis.

DEUXIÈME PARTIE. LES BOHÉMIENS EN OCCIDENT.

Additions et corrections.

La partie principale de mon précédent Mémoire, qui vient se placer ici sous un titre un peu modifié, ne saurait subir de changements importants. Les conclusions générales qui en ressortent subsistent tout entières. On peut les résumer ainsi : Depuis 1417 environ, jusque vers 1438, l'Occident ne fut sillonné que par un petit nombre de bandes bohémiennes qui explo-

---

1. *Zigeuner im Herodot.*, etc , von D. Johann Gottf Hasse ; Kœnigsberg, 1803, in-16.

raient cette nouvelle région, et qui avaient toutes, ou presque toutes, d'étroites relations entre elles. C'est à partir de 1438 seulement que la race bohémienne commence à se répandre peu à peu, et par un déversement successif, dans les diverses contrées de l'Occident.

Mais il est inévitable que j'aie trouvé matière à des additions et à des rectifications de détail. Je ne puis indiquer ici que les plus importantes [1], en renvoyant aux textes, qui prendraient trop de place dans ce simple appendice, et en m'interdisant tout commentaire.

Première période [2].

P. 453 et suiv.; *tirage à part*, p. 18 et suiv. — Les nouveaux documents qu'on a fait connaître dans la première partie, permettent de douter si les dates de 1414 et 1416, données par Dilich et par Fabricius, n'auraient pas dû être conservées.

De ces mêmes documents, combinés avec le passage d'André de Ratisbonne indiqué ci-après, il résulte qu'on doit écarter au moins provisoirement les suppositions que j'avais présentées relativement aux lettres de protection accordées aux Bohémiens par l'empereur Sigismond.

Addition au commenc[t]. de la p. 521; *tirage à part*, commenc[t]. de la p. 41. — La lacune de cinq années qui se trouve entre l'apparition des Bohémiens à Bâle en 1422, et leur arrivée à Paris en 1427, est en partie comblée par deux passages du *Diarium sexenale* d'André de Ratisbonne (dans les *Rerum boïc. Script.* d'Œfelius, t. I, p. 15-30). On y voit d'abord qu'une bande de Bohémiens errait dans la Bavière en 1424, et qu'ils étaient porteurs de plusieurs lettres de l'empereur Sigismond, entre autres d'une lettre en date de Zips, le 23 avril 1423, dont le chroniqueur donne la copie. André signale ensuite la présence d'une autre bande de Bohémiens à Ratisbonne, le 21 septembre 1426.

Addition à la p. 524; *tirage à part*, p. 43. — Les comptes de la municipalité d'Arnheim (Pays-Bas) mentionnent le passage dans cette ville, en 1429, d'une troupe de Bohémiens conduite par un comte de la Petite-Égypte. (Voy. G. von Hasselt, *Stof voor eene Gelderche Historie der Heidenen*, 1805, in-8°, p. 25.)

---

1 Voy aussi, dans les *errata* du précédent volume de la *Biblioth.*, le relevé de quelques fautes typographiques.

2 Correspondant a la seconde période de mon premier Mémoire.

Deuxième période [1].

Cette seconde période, comprenant un espace de temps presque indéterminé, et se composant d'ailleurs d'une foule de faits épars, est susceptible de prendre plus ou moins d'étendue. Au moment de ma publication définitive, j'aurai à ajouter plusieurs faits intéressants, et notamment quelques épisodes tirés de documents inédits, dont je dois la connaissance aux lumières et à l'obligeance de mon confrère M. Eugène de Stadler. Mais j'indiquerai seulement ici les additions ou rectifications qui ont une portée un peu plus générale.

P. 528-529, et note 4 de la p. 524; *tirage à part*, p. 48, et note de la p. 44. — Le passage d'Aventin s'applique très-vraisemblablement, comme je l'ai dit, à un assez grand nombre de Bohémiens; mais il est douteux maintenant qu'il s'étende à la Bohême et à l'archiduché d'Autriche.

P. 533, 1er alinéa; *tirage à part*, p. 52, 2e alinéa.—Une pièce de 1504, publiée par M. Depping, nous apprend que le roi de France avait donné, dès le 27 juillet de cette année, à Chaumont, des lettres missives pour l'expulsion des Bohémiens [2]. Voy. cette pièce dans les *Mémoires de la Société des antiquaires de France*, t. XVIII (8 de la nouvelle série), Paris, 1846, p. 483 et suiv.

Ibidem à la suite. — Sur la condition des Bohémiens dans les Pays-Bas, ou au moins dans le duché de Gueldre, au quinzième siècle, voy. le livre déjà cité de van Hasselt, p. 26-28.

P. 534; *tirage à part*, p. 53.—Sur les premiers Bohémiens qui se montrèrent en Angleterre, voyez John Hoyland, *a historical survey of the Gypsies*, etc., York et London, 1816, p. 75 et suiv.

P. 534-535; *tirage à part*, p. 53-55.—Faites disparaître provisoirement de cet endroit les passages qui concernent la Suède, la Pologne, la Lithuanie et la Russie, en vous reportant à mon nouveau travail sur *les Bohémiens dans l'Europe orientale et septentrionale*.

Je termine par une observation générale, à l'adresse de plusieurs personnes qui ont lu mon Mémoire, et qui m'ont reproché de ne pouvoir se reconnaître dans les différentes explica-

1. Correspondant a la troisième période de mon premier Mémoire.

2. L'histoire des mesures prises contre les Bohémiens dans les divers pays d'Europe ne rentre pas dans mon sujet actuel. Si l'on voulait dès maintenant quelques renseignements généraux sur ce point intéressant, c'est surtout dans Sprengler, *Dissertatio de Cinganis*, Lugduni Batav., 1839, cap II, sect II, qu'il faudrait les chercher.

tions que les Bohémiens eux-mêmes ont données de leur origine. Je réponds tout simplement qu'il n'y a nullement à se reconnaître ici ; je ne puis dire tout à la fois, et je répète que *je ne préjuge rien sur l'origine des Bohémiens* dans ce double Mémoire, consacré exclusivement à décrire leurs apparitions en Europe. Les dires qu'on rencontre dans ma seconde partie seront résumés, comparés, critiqués dans le long chapitre où je dois traiter de l'origine ; mais tels qu'ils ont été présentés, ces récits n'ont qu'un intérêt de variété pittoresque.

Une observation analogue s'applique aux noms mêmes des Bohémiens. Ces noms seront rapprochés, expliqués ailleurs. Quant à présent, il me suffira de dire que c'est avec une certitude entière que j'ai identifié des gens nommés si diversement.

NOTE ADDITIONNELLE.

Quoique l'origine des Bohémiens soit étrangère au sujet traité dans cet article, je ne puis me dispenser de faire part au lecteur d'un rapprochement tout nouveau qui paraît de nature à jeter une vive lumière sur cette question, et dont la connaissance m'arrive au moment où mon mémoire est déjà sous presse.

Presque tous les travaux sérieux où l'origine des Bohémiens a été traitée depuis la fin du dernier siècle, donnent pour conclusion que ces vagabonds viennent de l'Inde. Mais de quelle peuplade indienne sont-ils directement issus ? à quelles époques et dans quelles circonstances ont eu lieu leurs émigrations ? Ces questions sont toujours restées enveloppées d'épaisses ténèbres. J'ajouterai que, tout en acceptant la plupart des observations qui ont été présentées en vue de rattacher les Bohémiens aux Hindous, j'ai été amené, par divers indices, a penser que l'Afrique devait avoir aussi dans nos recherches une part importante, plus importante qu'on ne serait porté à le supposer. Quoi qu'il en soit, voici un aperçu nouveau sur l'origine indienne des Bohémiens.

M. Pott, dans son ouvrage sur la langue des Bohémiens, avait cité (t. I, p. 62) une tradition curieuse [1], déjà remarquée du reste par Staples Harriot [2] et par Hammer [3]. Ferdoussy, écrivain persan, qui vécut

1. C'est précisément un des documents auxquels je faisais allusion dans la seconde note de ma première partie.

2. *Observ. on the oriental origin of the Romnichal, or Tribe miscalled Gypsey and Bohemian,* dans *Transactions of the royal Asiatic Society* .., London, 1830, in-4°, p 518-558 ; le passage de Ferdoussy est cité p. 527, en persan et en anglais

3. M Hammer-Purgstall (le même que Joseph de Hammer), dans un article où il

de 911 à 1020, raconte, dans son *Schah-nameh* [1], que, sur la demande de Bahram-Gur, roi de Perse, qui régna de 420 à 440, Chankal, roi de Kanodje, envoya à ce prince et fit passer en Perse dix mille joueurs d'instruments. Ferdoussy donne à ces musiciens le nom de *lury*, qui est important; car il est constaté que les Loury qui existent aujourd'hui en Perse sont des Bohémiens : d'ou il résulte qu'en supposant que la tradition contienne des détails fabuleux, il reste à peu près constant du moins que les Bohémiens existaient en Perse avant l'époque de Ferdoussy, c'est-à-dire avant le dixième siècle.

Voici le récit tout entier de Ferdoussy, d'après la traduction anglaise du colonel S. Harriot :

« Motifs de Bahram pour faire venir les Luri de l'Inde. — « Le roi adressa des lettres aux prêtres de chaque province, pour s'informer de celles qui étaient misérables, et où les pauvres étaient affligés, leur demandant toutes les informations relatives à l'état de son empire, pour qu'elles fussent communiquées au cœur royal. Chacun, manant, noble et sage, répondit que le pays était populeux, et que de tous côtés on entendait des actions de grâce. Les indigents seuls se plaignaient à sa majesté de la dureté des temps, que les riches buvaient du vin et ornaient leurs têtes de guirlandes de fleurs, et savouraient la liqueur au son de la musique, sans penser aux créatures plus pauvres. Le roi sourit à cette plainte, et pour remédier à la privation qui venait de lui être exposée, il dépêcha un envoyé, avec le message suivant, à Shankal, roi de Kanoge : « O prince, attentif à la justice ! Ici les classes indigentes boivent leur vin sans musique, circonstance que les riches ne sauraient approuver. Ainsi donc, de ces *Luri* (de l'Inde) choisissez-en dix mille,

rend compte de plusieurs ouvrages sur la *Mythologie* (*Annales de Vienne*, — *Wiener Jahrbucher der Litteratur*, — 1838, tome 83, p. 1-64), donne l'énumération de diverses tribus indiennes signalees par Coleman (*The Mythology of the Hindus*, London, 1832); et a propos des Basiger et des Nats, il parle des *Luri* et des Bohémiens; ce qui l'amène à citer (p. 53) le passage du *Tarik-Guside* (texte persan, sans indiquer de quel ms. il est tiré, et trad. allem.), et celui du *Schah-name* (traduit en vers allemands, d'après l'édition de Macan). — M de Hammer parait, du reste, ignorer le travail de S. Harriot, qu'il ne cite pas

1. Poeme héroique et historique, où l'auteur a eu pour objet spécial de reproduire les légendes et traditions nationales qui avaient cours en Perse. — Publié par M. Turner Macan, Calcutta and London, 1829. Notre passage se trouve p. 1585. — La publication du même ouvrage, avec la traduction française, a été commencée sous le titre de *Livre des rois*, par M. Jules Mohl, Paris, 1838 et ann. suiv.; mais les trois volumes in-folio qui ont paru ne forment pas encore la moitié de la publication, et la dynastie des Sassanides, à laquelle appartient Bahram-Gour, ne viendra que plus tard. — Voy., sur Ferdoussy et son ouvrage, les préfaces de M. Mohl et le Mémoire cité plus loin de M. Reinaud, p. 31-33.

hommes et femmes, qui jouent du luth, et envoyez-les-moi. » Les *Luri*
furent envoyés au roi de Perse, qui leur assigna une résidence particulière (en divers endroits de son royaume), et donna à chaque individu
une vache et un âne. Il leur dit de nommer un chef de village, et accorda aussi mille charges de blé à ceux qui le méritaient le plus, afin
que, labourant avec leurs vaches et leurs ânes, ils pussent récolter en
temps convenable la semence de leur blé : ce qui faisait que ses pauvres
sujets pouvaient avoir leur musique gratuitement.

« Les *Luri* partirent ; et dissipèrent négligemment tout leur blé,
aussi bien que leurs vaches, qui, vers la fin de l'année, étaient honteu-
sement abandonnées. Le roi les réprimanda de cette prodigalité avec laquelle ils avaient dissipé le blé sans songer à en récolter un seul épi ; et
puis il les congédia, en leur ordonnant de prendre leurs ânes, de les
charger de leurs effets et mobilier, et de vivre (désormais) du produit
de leurs chants et de leurs instruments (of their songs and the strum-
ming of their silken bows [1]), de manière que chaque année ils pussent
voyager d'un bout à l'autre du pays et chanter pour l'amusement des
grands et des petits. Les *Luri*, conformément à cet ordre, vagabondent
à présent à travers le monde, cherchant de l'emploi, en compagnie de
chiens et de loups, et volant sur les chemins le jour et la nuit. »

M. Pott, en citant cette tradition, remarquait (p. 62) qu'elle se retrouve dans le *Tarykh-Guzydeh* [2] d'après de Hammer, et encore
dans un autre publié par J. Mohl dans le *Journal asiatique* de 1841..., ou
le nom des musiciens est rendu par *kulan*, qui mériterait d'être observé,
le nom de *kauli* paraissant avoir servi aussi à désigner les Bohémiens

---

1. Ce passage, un peu obscur, est plus concis dans le texte de Macan (voy. cette
édit., p. 1585 et suiv.) : on y lit simplement que le roi « les congédia, en leur disant :
— Prenez vos ânes, chargez-les, et faites résonner la corde de soie. — Les *Luri*, conformément à cette parole, etc. » La version de M. Harriot contient une longue phrase
incidente, qui disparaît ici ; ce qui semble indiquer que son texte n'est pas pris dans
l'édit. de Macan.

2. Le *Tarykh-Guzydeh*, livre persan du quatorzième siècle (composé vers l'an
1329). L'auteur est désigné, dans le catalogue des mss. orientaux de la Bibliothèque
nation. dressé par M. Reinaud, sous le nom de « Hamd-allah, fils d'Abou-bekr Mostaufi, de la ville de Cazwin ; » mais le nom de Mostaufi paraît être un nom qualificatif
signifiant, à peu près, *receveur* des finances, plutôt qu'un nom propre. Le *Tarykh-
Guzydeh* n'a jamais été publié en entier. Le fragment le plus considérable qui en
ait paru a été donné par M. Defrémery, dans le *Journal asiatique*, 4e série, t. XI et
XII (ann. 1848) et XIII (an. 1849). Ce fragment ne concerne que les Seldjoukides ; le
récit qui nous intéresse ne peut, par conséquent, s'y trouver. Mais il existe plusieurs
mss. du *Tarykh-Guzydeh* (trois, à la Biblioth. nation., dont le plus cité est celui conservé dans le fonds Brueys, n° 9) ; et il paraît que M. de Hammer (voy. mon avant-
dernière note) a pu consulter cet ouvrage en Allemagne ou en Orient.

dans l'Azerbijan ou Aderbijan (Perse), dans le Kurdistan et le Kaboul [1]. L'auteur du *Tarykh-Guzydeh* est un auteur grave (Reinaud, p. 171), mais qui écrivait seulement dans le quatorzième siècle de notre ère; il est probable qu'il aura emprunté le récit à Hamza Ispahani, dont il sera question plus loin. Quant à l'autre ouvrage dont veut parler M. Pott, c'est le *Modjmel-al-Tevarykh*, livre persan du douzième siècle (composé vers 1126), dont M. Jules Mohl a publié en effet, avec la traduction française, des fragments [2] où se trouve [3] le récit suivant : « Il (Bahram-Gour) ne cessait de s'informer de l'état de ses sujets, et ne trouva jamais que quelqu'un eût à se plaindre, si ce n'est que les hommes de son temps n'avaient pas de musique dans leurs festins. Il fit alors écrire au roi de l'Inde pour lui demander des *kousan*, ce qui est le mot pehlwi pour désigner un musicien. Cette demande eut pour résultat l'arrivée de douze mille musiciens indiens, hommes et femmes, dont les *Louris* d'aujourd'hui sont les descendants. Le roi leur donna un salaire et des montures, sous condition qu'ils feraient gratis de la musique pour les pauvres. »

Ce n'est pas tout; et voici où le véritable intérêt commence. M. Pott, dans un article qu'il vient de publier [4] comme supplément a son ouvrage, donne (p. 326) l'extrait suivant d'une note qui lui a été envoyée par M. Fleischer [5] : « Hamza Ispahani (historien arabe du dixième siècle [6]),

---

1. Voy. Pott, t. 1, p. 62 et 49.

2. Dans le *Journal asiat.*, 3e série, t. XI et XII (ann. 1841) et t. XIV (ann 1842). Cette publication devait avoir une suite que l'auteur n'a pas donnée; mais M. Reinaud y a suppléé dans le *Journal asiat.* de 1844. Il avait été donné précédemment d'autres fragments du *Modjmel* (voy. le Mémoire de M. Reinaud sur l'Inde, p. 14-16); en sorte que cet ouvrage (mss. persans de la Biblioth. nation., ancien fonds, n° 62, seul manuscrit connu) est aujourd'hui publié a peu près en entier.

3. *Journal asiat.*, t. XII, p. 515. — Le même passage du *Madjmel* est reproduit, d'après M. Mohl, dans le Mémoire de M. Reinaud (cité plus loin), p. 112. M. Reinaud écrit *Kousan* comme M. Mohl, et non *Kulan* comme M. Pott.

4. *Ueber die Zigeuner*, dans *Zeitschrift der Deutschen morgenlandischen Gesellschaft*, etc., 3e Band, II und III Heft, Leipzig, 1849, p. 321-335.

5. L'auteur du *Catalogus codd. mss. orientalium bibliothecæ regiæ Dresdensis*. Lipsiæ, 1831, in-4°. — Fleischer est cité dans l'introduction de Gottwaldt pour avoir revu son travail avant l'impression.

6. Hamza était né à Ispahan; il était Arabe, et son ouvrage, composé vers 940, est écrit en arabe, mais d'après les données persanes. Les dates précises de sa naissance et de sa mort et de la composition de son ouvrage sont inconnues; mais il paraît certain qu'il vivait dans la première moitié du Xe siècle (voy. la publication de Gottwaldt, t. I, contenant le texte arabe, p. xvii de la Préface), et que, par conséquent, ses *Annales* furent composées avant le *Schah-nameh* de Ferdoussy. C'est à tort que M. Pott suppose le contraire en disant a propos du mot *Zuth* : « Ces musiciens étant nommés *luri* dans le *Schah-nameh*, c'est une preuve que Hamza n'a pas simplement copié ce fait, »

publié et traduit par Gottwaldt, 1844, raconte encore que Bahram Gur, pour l'amusement de ses sujets, fit venir de l'Inde douze mille musiciens, nommés *Zuth*. » Le récit de Ḥamza mérite d'être rapporté ; le voici en entier d'après la traduction latine de M. Gottwald [1] : « Il (Bahram-Gur) ordonna que les hommes travaillassent la première moitié du jour, et qu'ensuite ils se livrassent paisiblement aux festins, buvant et se délectant avec des danseurs et des bouffons. Ainsi les musiciens devinrent si chers, que le prix convenu d'une bande complète de bateleurs était monté jusqu'à cent drachmes. Ayant trouvé un jour des hommes qui buvaient sans musiciens : « Ne vous ai-je pas défendu, leur dit-il, de négliger la musique? » Ceux-ci, après s'être levés et prosternés à terre, répondirent : « Nous avons cherché de la musique pour plus de cent drachmes, et cependant nous n'avons pu en obtenir. » Le prince alors, ayant fait apporter de l'encre et du papier satiné, demanda par lettre des musiciens au roi des Indes. Celui-ci en ayant envoyé douze mille, Bahram les distribua dans les villes de son royaume, ou ils se propagèrent ; et leurs descendants y demeurent encore, peu nombreux toutefois : on les appelle *Zuth*. »

M. Pott, après avoir reproduit la note de M. Fleischer, extraite de Hamza, ajoute : « Fleischer m'explique en même temps ce nom de *Zuth*, qui était pour moi complétement énigmatique, et qu'on ne retrouve nulle part : « Le *Kamûs* [2] dit que les *Zotth* sont une race « d'hommes de l'Inde, et que la véritable prononciation de ce mot « est *Djatt* [3], mais que les Arabes prononcent *Zotth*. Dans le *Dic-* « *tionnaire français-arabe* d'Ellious Bocthor [4], on trouve : *Bohémien*,

1. Hamzæ Ispahanensis *Annalium* Libri X : edidit J. M. E. Gottwaldt doctor phil , Bibliothecæ imper. publ. Petropolitanæ custos, etc.; t. I, Textus arab., Petropoli et Lipsiæ, 1844 ; T. II, Translatio latina, Lipsiæ, 1848 , pet in-8°. Page 40 de la trad. — Cet ouvrage est publié d'après deux mss., dont un de Leyde, je crois Il n'en existe pas de ms. à la Bibliothèque nationale de Paris

2. *The Kamoos, or arabic dictionary*, by Mujdood-deen, Mohummoud-Oobno Yakoob, of Feerozabad. Calcutta, 1817, 2 vol. petit in-folio.

3. Ces mots sont en caractères arabes dans l'article de M. Pott. — Du reste, je donne ici la traduction un peu libre du passage du *Kamous*, d'après M. Reinaud (p. 13), de préférence à la traduction allemande de M. Fleischer, qui n'est pas très-claire : « Der Name sei aus der [persischen] Form *Djatt* arabisirt. »

4. M. Reinaud m'a mis entre les mains cet ouvrage, édition plus récente : *Dictionn. fr.-ar.*, par Ellious Bocthor, Égyptien, professeur d'arabe vulgaire à l'École spéciale des langues vivantes, revu et augmenté par Caussin de Perceval, professeur... . *idem* ; Paris, 1848, — au mot *Bohémien*. M. Reinaud a eu l'obligeance de me convertir en caractères latins les mots arabes Ce dictionnaire donne le nom des Bohémiens en plusieurs pays : « En Égypte, *Gadjary* ; dans le Kasraouan, *Noury* ; à Alep, *Korbati* ; à Damas, *Zotty*, au pl *Zott*. »

« Arabe vagabond, Tchinghiané, qui dit la bonne aventure , vole, etc.,
« se dit a Damas Zotty, au pluriel Zott [1]. »

Au milieu de ces observations n'oublions pas que « le *z* n'a pas de
signe particulier dans les dialectes de l'Inde, et que le son du *dj* est pro-
nonce de manière à tenir lieu de l'un et de l'autre. » (Reinaud, p. 43.)

Or voici un autre document qui ajoute encore à la lumière. Pensant
retrouver le récit qui nous intéresse, dans le mémoire que M. de Sacy
a publié sur la dynastie des Sassanides [2], nous y avons recouru, M. Reinaud et moi, et non-seulement nous avons trouvé un récit de Mirkhond
qui renferme encore quelques détails intéressants [3], mais M. Reinaud
ayant voulu consulter le texte persan de Mirkhond , publié par l'École
des langues orientales vivantes d'après les mss. de la Bibliothèque nationale [4], nous y avons fait une remarque importante. Dans la traduction de M. de Sacy (p. 333), et aussi dans le texte publié (p. 217), les
musiciens indiens dont il s'agit sont appelés *Khani* ou *Kheny* (au pluriel *Kheniyan*); mais les éditeurs de ce texte ont ajouté en note :
« Il y a des mss qui portent Djatt (au pluriel *Djattan*) et Djatty. »
Quant au mot *Khany* ou *Kheni*, on serait tenté d'abord de se demander s'il n'a pas quelque rapport avec celui de *Kuli* ou *Kauli* cité
plus haut. M. de Sacy, sans avoir ce terme de comparaison , a donné
(p. 333) une interprétation qui s'en rapproche [5]. Mais la vérité est que
ce mot paraît être inconnu. Or M. Reinaud me fait remarquer que le mot
Kheni ou *Khany* et le mot *Djatty* s'écrivent en persan avec les mêmes

1. M Pott cite ensuite un témoignage intéressant, duquel il résulterait que, tout
récemment, un missionnaire anglais versé dans les langues de l'Asie, J Wilson, et
un Persan qui l'accompagnait, ont pu, en parlant un dialecte hindou (qui, malheureusement, n'est pas spécifié), s'entendre avec les Bohémiens qu'ils rencontrèrent
dans le Liban et ailleurs

2. *Mémoires sur diverses antiquités de la Perse et sur les médailles des rois
de la dynastie des Sassanides, suivis de l'histoire de cette dynastie, traduite du
persan de Mirkhond*, par A. J. Silvestre de Sacy. Paris, Impr. nation , 1793.

3. Voy. p. 333, dans l'*Histoire de la dyn. des Sassanides*, par Mirkhond. Cet
auteur persan, qui vivait au quinzième siècle, a dépouillé le *Schah-nameh* avec critique et en debarrassant les faits de la forme pompeuse qu'ils avaient dans ce poeme.
Toutefois, dans le récit qui nous intéresse, il paraît avoir suivi Hamza. — Voy. d'ailleurs l'article sur Mirkhond dans la *Biogr. univ.* de Michaud.

4. Paris, chez Firmin Didot, vers 1843 ou 1844, dans la collect. des *Chrestomathies
orientales*, qui avait déjà donné, en 1841 et 1842, deux autres fragments de Mirkhond.

5. « *Khaniyan* est un pluriel dont le singulier, qui se trouve employé dans cette
même phrase, est *khaniy ;* il paraît que c'est un mot arabe qui signifie *obscenus in
sermone.* Je présume qu'on pourrait le traduire ici par le mot *bouffon*, comédien Peut-
être le mot persan *khounia,* qui signifie une chanson, et d'où vient *khouniagher*, un
musicien, n'a-t-il d'autre origine que le mot arabe *khaniy.* » Note de M. de Sacy, p. 333.

lettres exactement, et que la différence des consonnances n'est ici déterminée que par les points diacritiques. Il est donc très-probable que *Khany* et *Djatty* ne sont qu'un seul mot, qui, d'un côté ou de l'autre, a été mal orthographié, et qu'en somme il faut choisir entre ces deux formes. Or le mot *Khany* ne se retrouvant pas ailleurs, tandis que le mot *Djatty* est très-connu, il n'y a guère de doute que c'est celui-ci qu'on doit préférer[1].

Ainsi, par la communication de M. Fleischer et par l'observation qui précède, il est établi que les musiciens indiens dont la tradition fait remonter l'arrivée en Perse au cinquième siècle, et qu'au dixième ou onzième on appelait en Perse du nom de *Loury*, qui s'applique certainement aux Bohémiens, sont également appelés par un auteur arabe-persan du dixième siècle *Zuth*, et par un auteur persan du quinzième *Djatt*, mot qui, d'après le *Kamous* (*Zotth*), sert à désigner en arabe « une espèce d'hommes de l'Inde, » et qui, d'après Ellious Bocthor, est précisément le nom des Bohémiens (*Zott*) à Damas[2].

Ces rapprochements offrent déjà un grand intérêt; mais on est tout

---

1. Voilà donc cinq auteurs (tous persans, à l'exception de Hamza, qui était un Arabe natif d'Ispahan), qui rapportent notre tradition : Hamza, qui écrivait avant 950; Ferdoussy, vers l'an 1000 ; l'auteur du *Modjmel*, vers 1126 ; l'auteur du *Tarikh-Guzydeh*, vers 1329; Mirkhond, au quinzième siècle. J'ai eu soin de comparer les cinq textes, pour faire la part d'originalité de chacun. Hamza et Ferdoussy peuvent passer tous les deux pour originaux ; car le second donne des détails différents de ceux qu'on trouve dans le premier. Tous les autres paraissent avoir puisé à l'une de ces deux sources. L'auteur du *Modjmel*, qui, parmi les nombreux écrivains qu'il a consultés, cite Firdousi et Hamza, a visiblement préféré Firdousi, qui est pour lui « comme la racine, tandis que les autres sont comme les branches » L'auteur du *Tarik-Gusideh* et Mirkhond ont, au contraire, suivi Hamza; le premier, toutefois, en replaçant le nom de *Louri* au lieu de *Zutth*, et en ajoutant que « leur race fait encore aujourd'hui en Perse de la musique » ; le second en n'introduisant dans le récit que de légères variantes comme celle-ci : qu'on travaillait « jusqu'à l'heure du dîner du roi », et en ajoutant : « Les Persans s'unirent à ces étrangers et s'allièrent à eux par des mariages. On dit que c'est d'eux que descendent ceux que l'on nomme aujourd'hui *Khaniyan* (?) ; c'est pour cela que parmi ceux qu'on connaît sous ce nom, il en est peu qui ne soient musiciens. » La traduction de M de Sacy est, du reste, peu littérale. Il est surtout difficile de s'expliquer comment il y est dit que c'est en « passant près d'un lieu où étaient rassemblés, pour se divertir, les *habitants de la Syrie*, » que Bahram vit qu'ils « dansaient » sans joueur d'instrument; lorsque le texte parle simplement « d'une réunion *de gens de boisson* (littér) qui sautaient » en effet sans musique — Quant au nombre des musiciens indiens que Bahram fit venir, tous nos auteurs donnent le chiffre de 12,000, à l'exception de Ferdoussy, qui écrit 10,000. — Il est probable que ce récit se rencontrera encore dans d'autres auteurs orientaux. Si on pouvait le retrouver à quelque source indienne, il acquerrait une nouvelle valeur.

2. Peut-être n'est-il pas sans intérêt de remarquer ici que les Bohémiens s'appellent en Boukharie *Djau* : Georgi's *Beschreibung aller Volker des Russischen Reichs*, Pétersbourg, 1776, in-4°, p 146, cité par Grellmann, 2e éd allem., p. 21.

de suite désireux de savoir quelque chose de plus sur les *Zuth, Djatt* ou *Zott*, que M. Pott ne retrouve nulle part [1]. Ouvrez le savant mémoire que M. Reinaud vient de publier sur l'histoire de l'Inde depuis les temps les plus reculés jusqu'au onzième siècle [2], et vous les trouverez en plusieurs endroits [3]. Les *Zath* ou *Djath* [4], peuplade nombreuse et peu civilisée, généralement adonnée à la pêche et à la navigation, et les *Meyd* ou *Mend*, qui, sans être étrangers au même genre de vie, se livraient plutôt à l'élève des chameaux et du bétail, sont les premiers habitants qui apparaissent aux époques les plus reculées dans la vallée du bas Indus. Après avoir eu de longues querelles, ces deux peuples se soumettent à un prince de la famille de Hastinâpoura, qui continua, ainsi que ses descendants, de régner dans la vallée de l'Indus, après la grande lutte des Koravas et des Pandavas (deux branches de la famille Hastinâpoura). Beaucoup plus tard, à l'époque de l'invasion des Arabes dans la vallée de l'Indus, c'est-à-dire dans le septième siècle de notre ère, nous voyons que les Djath ou Zath et d'autres populations indiennes avaient formé des colonies sur les côtes de l'Arabie et de la Perse, comme les Arabes et les Persans l'avaient fait sur les côtes de l'Inde. Mais la masse principale de ce peuple habitait toujours la vallée de l'Indus; et lorsque les Arabes s'y établirent, les Zath et les Meyd, ayant pris parti pour eux, contribuèrent a leurs succès. En 834 et 835, les Djath firent une descente sur les bords du Tigre aux environs de Bassora, et répandirent la terreur dans toute la contrée. Il fallut, pour abattre ces barbares, mettre toutes les forces du khalifat en mouve-

1. Il est pourtant parlé des *Djattes, Jates, Jautes* ou *Tchattas* (*Kathes?*) dans Maltebrun, éd. de 1837, en 12 vol in-8°, t. IX, p. 562, et dans beaucoup d'auteurs.

2. *Mémoire géographique, histor. et scientifique sur l'Inde, antérieurement au milieu du onzième siècle de l'ère chrétienne, d'après les écrivains arabes, persans et chinois*, par M Reinaud, membre de l'Institut de France, professeur d'arabe, etc. (conservateur-adjoint à la Biblioth nation.), dans les *Mémoires de l'Académie des inscriptions*. Paris, 1849. — Ce Mémoire est composé en partie d'après les *Fragments arabes et persans inédits relatifs à l'Inde*, publiés par M. Reinaud dans le *Journal asiatique* de 1845, auxquels il sera utile aussi de recourir. — Enfin on trouvera, sur les *Djath*, des détails très-intéressants dans un mémoire que je n'ai pas eu le temps d'analyser : *Les Huns blancs ou Ephthalites des historiens byzantins*, par M. Vivien de Saint-Martin; ce mémoire a paru dans les *Nouvelles Annales des voyages de* 1849, et a été tiré à part.

3. Voy. p. 43, 50, note 3 de la p. 81, p. 169, 176, 187, 188, 200, 233-235, 272-273. — Voy. aussi p. 15 et 50-54 des détails sur la lutte des Koravas et des Pandavas, et sur le règne de ces derniers; l'épisode final (p. 51-52) est à remarquer.

4. C'est précisément ici que M. Reinaud (p. 43) remarque que le *z* n'a pas de signe particulier dans les dialectes de l'Inde. Il cite en même temps le passage du *Kamous* rapporté plus haut; et il ajoute que c'est la première prononciation (*Djatt*) qui a prévalu dans les relations européennes.

ment, et ceux d'entre eux qui furent pris vivants furent envoyés à Ana-
zarbe, dans l'Asie Mineure, sur les frontières de l'empire grec. Auprès
des Meyd ou Mend et des Bodhas, nous trouvons encore, au dixième
siècle, les Zath établis vers l'embouchure de l'Indus, dans les marécages
qui s'étendent entre Mansoura et le Mekran : les familles zath qui habi-
tent près du fleuve se construisent, comme les Berbers, des cabanes de
roseaux, et vivent de gros poissons et d'oiseaux aquatiques ; celles qui
demeurent loin de l'Indus, dans les campagnes, vivent à la manière des
Kurdes, se nourrissant de lait, de fromage et de pain de *dorra*. Au
commencement du onzième siècle, les Zath ne craignirent pas de se
mesurer contre Mahmoud ; mais leurs bateaux ne purent tenir contre
les navires du sulthan : les Djath furent défaits. « Cet échec porta un
grand coup à la puissance des Djath, mais ne l'abattit pas tout à fait.
La race se conserva dans le pays, et se propagea même au dehors. Lors
de l'expédition de Tamerlan dans le nord de l'Inde, il y avait une tribu
de ce nom établie aux environs de Dehli. Cette tribu se ménagea une
position très-forte dans cette province, dans la ville de Bhartpour ; et,
à partir du milieu du dernier siècle, lors de la décadence de l'empire
mogol, elle se constitua en principauté. Plus tard, elle brava la puissance anglaise, et il a fallu les plus grands efforts pour la dompter.
Maintenant, il existe encore des Djath, non-seulement dans la partie
inférieure de la vallée de l'Indus, mais dans le royaume de Kaboul et
sur le territoire des Sikhs. »

Je ne dois pas terminer ces citations sans rapporter une note de
M. Reinaud qui complète les rapprochements d'une manière d'autant
plus heureuse, qu'elle a été écrite sans aucune préoccupation à l'endroit
des Bohémiens : « C'est probablement des Djath que Jean Thévenot
veut parler dans les détails qu'il donne sur les pirateries des *Zinganes*.
Voyages de Thévenot, éd. d'Amsterdam, 1727, t. IV, p. 627 et suiv. »
(Reinaud, p. 273.)

La question de l'origine des Bohémiens est une question trop déli-
cate et trop complexe pour que je la regarde comme définitivement résolue par les rapprochements que je viens d'exposer. On ne peut nier,
du moins, qu'ils aient une apparence très-séduisante. C'est M. Reinaud
qui m'a mis à même de les communiquer sans plus de retard au lecteur, en me montrant l'article de M. Pott que je ne connaissais pas
encore, et en me renvoyant à son Mémoire sur l'Inde ; il a bien voulu,
d'ailleurs, me fournir tous les éclaircissements dont je pouvais avoir
besoin : je lui en adresse mes sincères remercîments.

C'est dans l'extrait qui nous a été conservé, par le *Modjmel*, d'un traité sanscrit fort ancien [1], que M. Reinaud a trouvé la première mention des Zath ou Djath, mention qui se rapporte aux temps antéhistoriques. Mais à partir du septième siècle de notre ère, il les rencontre dans un grand nombre d'auteurs ; et il ne serait sans doute pas difficile de recomposer leurs annales plus complétement que ne le comportait l'étendue des matières traitées dans son Mémoire. M. Reinaud ignorait d'ailleurs, ainsi que tous, le passage de Hamza et celui de Mirkhond, qui paraissent être un trait de lumière. Il avait bien, m'a-t-il dit, un vague soupçon de l'identité des Zath et des Bohémiens ; mais, à défaut d'aucun indice précis, il n'avait pu s'y arrêter. Aujourd'hui l'histoire des Zath ou Djath mérite bien de faire l'objet d'une monographie, que M. Reinaud se trouve naturellement appelé à traiter. Écrire l'histoire des Zath, ce sera peut-être recomposer, au moins en grande partie, les anciennes annales des Bohémiens. Mais avant de pouvoir l'affirmer d'une manière définitive, il sera nécessaire de pénétrer plus profondément dans les mœurs des Zath [2], tels qu'ils nous sont révélés par l'histoire, et tels qu'on les trouve encore dans le Sindhy ; il faudra tâcher de se rendre un compte plus exact des migrations des anciens Zath, et de se procurer des échantillons du dialecte que parlent ceux d'aujourd'hui ; il sera important aussi de ne pas négliger les *Zingani*, que Thévenot et d'autres ont prétendu trouver sur les bords de l'Indus, et de ne pas perdre de vue les rapprochements que plusieurs auteurs ont voulu établir entre les Bohémiens et diverses peuplades de l'Inde. Enfin, il ne sera pas sans intérêt de rechercher si les Bohémiens, tels que nous les connaissons, ne se rencontrent pas ailleurs qu'a Damas, et surtout, dans quelques documents anciens, sous le nom de Zath.

Quelque satisfaisants que puissent être les résultats de ces nouvelles recherches, j'ai tout lieu de croire qu'il restera un point difficile à éclaircir : c'est précisément le point de transition entre l'histoire des anciens Zath et celle des Bohémiens, c'est la destinee des émigrants au point de jonction de l'Asie, de l'Afrique et de l'Europe. Comme je l'ai déjà dit, je suis porté à croire que, pour éclaircir complétement les origines des Bohémiens, il faudra étendre les investigations jusqu'en Afrique. Si je ne puis suffire à cette tâche, je m'attacherai du moins à faire connaître les traditions et les divers indices qui appellent l'attention de ce côté.

---

1. Voy. le Mémoire de M. Reinaud, p. 15.

2. Les details fournis par le Mémoire de M. Reinaud n'ont rien de concluant ; mais ils ne répugnent pas non plus absolument à l'identité qu'il s'agit d'établir.

www.ingramcontent.com/pod-product-compliance
Lightning Source LLC
LaVergne TN
LVHW052150080426
835511LV00009B/1770